발원문

모두를 위한 지장경

For Everyone Edition
vol 2

오늘도 맑음
publishing company

우리말 지장경은 백용성(白龍城) 대종사
의역을 바탕으로 하였으며 이해 흐름에 맞추어
일부 표현을 부드럽게 정리하였습니다.

목차

제1품. 도리천궁에서 신통을 나타내는 품 · 08

제2품. 분신들이 모이는 품 · 20

제3품. 중생의 업연을 관하는 품 · 24

제4품. 염부제 중생이 업보 받는 품 · 30

제5품. 지옥의 이름 품 · 42

제6품. 여래께서 찬탄하는 품 · 46

제7품. 죽은 이와 산 사람을 함께 이익되게 하는 품 · 56

제8품. 염라왕중을 찬탄하는 품 · 62

제9품. 부처님의 명호를 부르는 품 · 72

제10품. 보시한 공덕을 비교하는 품 · 77

제11품. 지신(地神)이 법을 옹호하는 품 · 82

제12품. 보고 듣는 이익을 말한 품 · 86

제13품. 사람과 하늘을 부촉하는 품 · 100

* 地藏菩薩本願經 · 107

제일(第一) 도리천궁신통품

이와 같이 나는 들었다.

한때 부처님께서 어머니를 위하여 도리천에서 법을 설하셨다. 그때 시방의 한량없는 세계에서 말할 수 없이 많은 부처님과 대보살마하살들이 모두 모여 찬탄하기를,

"석가모니 부처님께서는 혼탁하고 어지러운 세상 속에서도 불가사의한 대지혜와 신통력을 나타내시어 억세고 거친 중생을 다스려 고통을 멈추게 하시며, 고락의 법을 일깨워주셨습니다."라고 하며 각기 시자를 보내어 부처님께 문안을 드렸다.

이때 부처님께서 자비로운 미소를 머금으시며 헤아릴 수 없이 많은 대광명의 구름을 놓으셨으니, 이른바 대원만광명운, 대자비광명운, 대지혜광명운, 대반야광명운, 대삼매광명운, 대길상광명운, 대복덕광명운, 대공덕광명운, 대귀

제일(第一)

의광명운, 대찬탄광명운 이었다. 이러한 광명의 구름을 놓으신 뒤에 여러가지 미묘한 음성을 내시었으니 이른바 보시바라밀음, 지계바라밀음, 인욕바라밀음, 정진바라밀음, 선정바라밀음, 지혜바라밀음, 자비음, 희사음, 해탈음, 무루음, 지혜음, 대지혜음, 사자후음, 대사자후음, 운뢰음, 대운뢰음이었다.

이처럼 말로는 다 표현할 수 없는 법음이 울려 퍼지자, 이 세계는 물론 다른 세계들과 무량억의 천상, 그리고 그 너머의 존재들까지 도리천으로 모여들었다. 이를테면 사천왕천, 도리천, 수염마천, 도솔타천, 화락천, 타화자재천, 범중천, 범보천, 대범천, 소광천, 무량광천, 광음천, 소정천, 무량정천, 변정천, 복생천, 복애천, 광과천, 엄식천, 무량엄식천, 엄식과실천, 무상천, 무번천, 무열천, 선견천, 선현천, 색구경천, 마혜수라천 그리고 비상비비상처천에 이르기까지 천상계의 존재들과 영적 존재들이 모두 이 법회에 모였다.

나아가 타방 국토와 사바세계에 있는 바다 신, 강의 신, 하천 신, 물의 신, 산의 신, 대지의 신, 연못 신, 곡식 신, 낮을 주관하는 신, 밤을 관장하는 신, 허공의 신, 하늘의 신, 음식 신, 풀과 나무를 다스리는 모든 신들도 이 법회에 함께 모였다.

또한 타방 국토와 사바세계의 모든 대귀왕들, 이른바 악목귀왕, 담혈귀왕, 담정기귀왕, 담태란귀왕, 행병귀왕, 섭독귀왕, 자심귀왕, 복리귀왕, 대애경귀왕에 이르기까지 다 법회에 모여들었다.

그때 석가모니 부처님께서 문수사리 보살에게 말씀하셨다.
"문수사리여, 그대는 지금 이곳에 모인 모든 부처님과 보살들과 천신과 용신, 영적 존재들 그리고 이 세계와 저 세계, 이 국토와 저 국토의 존재들을 살펴보아라. 이처럼 도리천에 모여든 이들의 수를 다 헤아릴 수 있겠는가?"

문수사리 보살이 부처님께 대답하기를,
"세존이시여, 제게 천 겁의 시간이 주어진다 해도 그 수를 다 헤아릴 수는 없을 것입니다."

부처님께서 이르시기를,
"내가 부처의 눈으로 살펴보아도 그 수를 다 셀 수는 없느니라. 이들 모두는 지장보살이 오랜 겁 동안 고통에서 이미 구했거나, 지금 구하고 있거나, 앞으로 구할 존재들이며, 이미

제일(第一)

깨달음을 이루게 했거나, 지금 이루게 하거나, 앞으로 이루게 할 존재들이니라."

문수사리 보살이 부처님께 아뢰었다.
"세존이시여, 저는 과거 오래도록 선근을 닦아 걸림 없는 지혜를 증득하였기에 부처님의 말씀을 들으면 곧 믿고 받아들일 수 있으나 작은 깨달음을 얻은 성문이나 천룡팔부 그리고 미래의 모든 중생들은 비록 부처님의 진실한 말씀을 듣더라도 의혹을 품을 것이며 받아들였다가도 다시 비방하는 일을 면하지 못할 것입니다. 그러니 세존이시여, 바라건대 지장보살 마하살이 어떤 행을 닦고 어떤 원을 세우셨기에 이처럼 불가사의한 일을 이루셨는지 부디 널리 밝혀 주옵소서."

부처님께서 말씀하셨다.
"문수사리여, 지장보살이 제도한 중생의 수를 비유하자면, 삼천대천세계에 있는 풀과 나무, 숲과 벼, 삼나무, 대나무, 갈대, 산과 돌, 그리고 미세한 티끌 하나하나를 각각 하나씩 세어 그 수만큼의 항하를 만든다고 하자, 그리고 그 곳의 모래 하나하나를 각각 하나의 세계라 하고, 그 세계 안의 먼지 하나하나를 한 겁으로 삼으며, 그 겁마다 쌓이는 먼지의 수만큼을 다시 겁으로 치더라도 지장보살이 십지의 경지를 이룬 이후 깨우치게 한 중생의 수는 그보다도 천 배는 많거늘. 하물며 지장보살이 성문이나 벽지불의 지위에 있었을 때 깨우친 이들까지 어찌 다 헤아릴 수 있겠는가?
문수사리여, 지장보살의 위신력은 이처럼 헤아릴 수 없을 만큼 원대하니, 만일 미래세의 선남자와 선여인이 이 보살의 명호를 듣고 찬탄하거나 예배하거나, 그 명호를 부르거나 공양을 올리거나, 지장보살의 형상을 그리고 조각하거나 정성스럽게 모시면 이 사람은 미래에 백 번이나 하늘나라에 태어나며 결코 악한 곳에 떨어지지 않으리라."

석가모니 부처님께서 계속 말씀을 이어가시며 지장보살이 위대한 서원을 세우게 된 계기를 말씀해 주셨다.
"문수사리여, 지장보살 마하살은 말로는 다할 수 없는 오랜 겁 전에 공덕 깊고 덕망 높은 장자의 아들이었느니라. 그때 세상에는 사자분신구족만행 여래라는 부처님이 계셨는데, 장자의 아들은 그 부처님의 모습이 천복으로 장엄하게 빛

제일(第一)

나는 것을 보고 여쭈었느니라. '부처님께서는 어떤 수행과 어떤 서원을 세우셨기에 이토록 장엄한 모습을 얻으셨나이까?' 이에 사자분신구족만행 여래께서 말씀하시기를 '이러한 몸을 얻고자 한다면 마땅히 오랜 세월 동안 고통받는 중생들을 먼저 제도해야 한다.'라고 하였더니라.

문수사리여, 그 말을 들은 장자의 아들이 서원하기를 '저는 지금 이 순간부터 미래세가 다하도록 고통받는 육도중생을 위해 온갖 방편을 펼쳐 모두 해탈하게 한 다음에야 부처가 되겠습니다.' 이처럼 큰 원을 세웠기에 지금까지 말로는 다할 수 없는 오랜 겁이 흘렀지만 지장보살은 여전히 보살로 남아 있느니라.

문수사리여, 또 다른 과거 불가사의한 아승지겁 전, 세상에 부처님이 계셨으니 호를 각화정자재왕 여래라 하였고 수명은 사백천만억 아승지겁이었느니라. 그 부처님의 상법시대에 한 바라문의 딸이 있었으니 이 바라문의 딸은 숙세에 복이 깊고 두터워 모든 사람들로부터 공경을 받았으며, 움직일 때마다 하늘이 그를 호위하였느니라. 그러나 그의 어머니는 삿된 도를 믿고 삼보를 비방하고 업신여겼으니 이에 딸이 여러 방편을 써서 어머니에게 바른 소견을 갖도록 권하였으나, 그의 어머니는 끝내 올바른 믿음을 갖지 못한 채 목숨이 다하여 혼이 무간지옥에 떨어졌느니라. 그때 바라문의 딸이 마음속으로 생각하기를 자신의 어머니는 살아 계실 때 인과를 믿지 않았으니 지은 업보에 따라 분명 나쁜 곳에 태어나셨으리라 짐작하고는 집을 팔아 향과 꽃, 여러 공양물을 널리 구하여 각화정자재왕 여래가 모셔진 절에 지극한 정성으로 공양을 올렸느니라. 바라문의 딸이 각화정자재왕 여래의 불상과 탱화를 보니 위엄과 아름다움을 두루 갖춘 완전한 모습이기에 첨례하고 경앙하는 마음으로 혼자 생각하기를 '부처님은 위대한 깨달음을 이루신 분으로 일체의 지혜를 갖추셨으니 만일 지금 이 세상에 계셨다면 우리 어머니가 어디에 계신지 알려주셨을 텐데.' 하고는 오랫동안 슬피 울며 간절한 마음으로 기도하였더니라. 그러자 문득 공중에서 소리가 들려 말하기를 '우는 자, 성녀여, 너무 슬퍼하지 말라. 내가 너의 어머니가 간 곳을 알려주리라.' 이에 바라문의 딸이 합장하고 공중을 향해 '이 무슨 신묘한 덕으로 저의 깊은 근심을 너그러이 풀어주시나이까? 저는 어머니께서 돌아가신 뒤 밤낮으로 생각하였으나 어느 곳에 나셨는지 물을 곳이 없어 애가 타고 있었나이

제일(第一)

다.'라고 하니 그때에 공중에서 다시 소리가 들려 이르기를, '나는 그대가 첨례하던 각화정자재왕 여래니라. 어머니를 생각하는 정이 다른 중생의 마음보다 갑절이나 더함을 보았으니 일러 주겠노라.' 바라문의 딸은 그 음성을 듣고 감격에 복받쳐 그만 정신을 잃고 쓰러져 한참이 지나서야 겨우 정신을 가다듬고 공중을 향해 간절히 아뢰기를 '부처님이시여, 원하옵건대 저를 불쌍히 여기시어 어머니께서 나신 곳을 속히 알려 주옵소서. 괴롭고 애가 타 몸과 마음이 견디기 어렵나이다.' 라고 하였더니라.

수보리여, 그때 각화정자재왕 여래께서 바라문의 딸에게 말씀하시기를 '공양을 마친 뒤, 집으로 돌아가 단정히 앉아 나의 명호를 지극히 생각하면 곧 너의 어머니가 태어난 곳을 알게 되리라.' 하였더니라.

그리하여 바라문의 딸이 공양을 마치고 집으로 돌아가 각화정자재왕 여래의 명호를 염하며 하룻밤 하루낮을 지내자 문득 자신이 한 바닷가에 이르렀는데, 그 바다에서는 물이 펄펄 끓어오르고, 모든 악한 짐승들이 쇠로 된 몸으로 바다 위를 동서로 이리저리 날아 다니고, 남녀 백천만 명이 바닷속으로 들어갔다가 나왔다가를 반복하며, 악한 짐승들의 먹이가 되는 모습을 보았느니라. 또 야차들의 형상도 보았는데 그들은 각기 다른 모양이었으며, 어떤 야차는 손이 많고 눈이 많았으며, 어떤 야차는 발이 많고 머리가 많았고, 어금니는 밖으로 드러나 있어 칼처럼 날카로웠으니 이 야차들은 죄인들을 몰아 험악한 짐승들에게 넘기고 때리고 움켜잡아 머리와 발을 하나로 묶는 등, 그 형상이 이루 말할 수 없이 끔찍하여 차마 오래 바라볼 수 없어 바라문의 딸은 부처님을 염하는 원력으로 그 두려움을 이겨낼 수 있었느니라.

그곳에 한 귀왕이 있었으니, 이름을 무독이라 하였느니라. 무독이 머리를 조아려 바라문의 딸을 맞이하며 다음과 같이 말하였느니라.

'착하신 보살이시여, 어떠한 인연으로 이곳에 오셨습니까?'
바라문의 딸이 묻기를, '이곳은 어디입니까?'
'여기는 대철위산 서쪽에 있는 첫 번째 바다입니다.'
'제가 듣기로는 철위산 속에 지옥이 있다고 들었는데 사실입니까?'
'참으로 지옥이 있습니다.'
'그런데 제가 어찌하여 지금 이곳에 있게 되었습니까?'

제일(第一)

'부처님의 크신 위신력에 의한 것이거나, 스스로의 업력 때문입니다. 이 두 가지가 아니면 이곳에 올 수 없습니다.'
'이 물이 어찌하여 이렇게 끓어오르고, 저 많은 사람들은 무슨 죄를 지었으며, 이토록 사나운 짐승들은 어디서 온 것입니까?'
무독이 답하기를 '저들은 염부제에서 악한 짓을 한 중생들입니다. 이들이 죽은 뒤, 49일이 지나도록 그를 위해 공덕을 지어 고통에서 벗어나게 해주는 이가 없을 때 이르게 되는 곳입니다. 또한 살아 있을 때, 착한 인연을 짓지 않았기에 스스로 지은 악업으로 인해 지옥으로 가게 되며, 그 전에 반드시 이 바다를 지나야 합니다. 이 바다의 동쪽으로 십만 유순이나 되는 아득한 거리를 지나면 또 하나의 바다가 있는데, 그 고통은 이곳보다 배나 크며 그 바다의 동쪽에도 또 다른 바다가 있어 고통은 더욱 크니 이 모두가 죄 지은 이들이 스스로 만들어낸 업의 바다이며 바로 여기가 그 바다 중 하나입니다.' 라고 말하니,
이에 바라문의 딸이 무독에게 묻기를
'지옥은 어디에 있습니까?'
'저 세 군데 바닷속이 큰 지옥이며, 그 수가 백천이나 되는

데 각각 다릅니다. 이른바 큰 것은 열여덟 개가 있고, 그다음 것은 오백 개가 있는데 그곳에서 겪는 고통은 한량없으며, 그다음 것이 천백 개나 있는데 또한 이루 말할 수 없는 고통이 있습니다.'

바라문의 딸이 다시 묻기를 '제 어머니가 돌아가신 지 얼마 되지 않았으나 그 혼신이 어느 곳에 갔는지 알 수가 없습니다.'

'보살의 어머니는 세상에 계실 때 무슨 행업을 하였나이까?'

'저의 어머니는 살아 계실 적 삼보를 비방하며 설령 잠깐 믿다가도 다시 공경하지 않았습니다. 어머니가 어느 곳에 태어났는지를 알 수 있겠습니까?'

이에 무독이 바라문 딸에게 물었느니라.

'보살의 어머니는 성씨가 무엇입니까?'

'나의 부모는 다 바라문이며, 아버지 이름은 시라선견이고 어머니 이름은 열제리입니다.'

무독이 합장하고 바라문의 딸에게 답하기를,

'원하옵건대 조금도 염려하지 마시고 집으로 돌아가소서. 보살의 어머니가 천상에 태어난 지 오늘로 사흘이 되었습니다.'

무독이 계속 말하기를, '효순한 자식이 어머니를 위하여 공

제일(第一)

양을 올려 복을 닦아 각화정자재왕 여래 탑사에 보시한 공덕으로 보살의 어머니뿐만 아니라 그날 무간지옥에 있던 모든 죄인들이 천상에 태어나서 모두 즐거움을 누리게 되었습니다.'
하고 말을 마친 귀왕이 합장하고 물러갔느니라.
이에 바라문의 딸이 꿈에서 깬 듯 집으로 돌아와 그 곳에 있었던 일을 깨닫고 각화정자재왕 여래의 탑과 존상 앞에서 큰 서원을 세우기를 '원하옵건대 저는 미래 겁이 다하도록 죄를 지어 고통받는 중생들을 위하여 널리 방편을 베풀어 해탈토록 하겠습니다.'라고 하였느니라."

부처님께서 말씀을 마치고 문수사리에게 이르시기를,
"그때 귀왕 무독은 지금의 재수보살이요, 바라문의 딸은 지금의 지장보살이니라."라고 하셨다.

제2(第二) 분신집회품

그때에, 백천만억의 헤아릴 수 없고, 생각할 수 없으며, 논할 수 없고, 말로 다 할 수 없는 한량없는 아승지 세계에 있는 모든 지옥에서 나투었던 지장보살의 분신들이 일시에 도리천궁으로 모였다.

또한 여래의 위신력으로 각각의 방면에서 해탈을 얻어 업도로부터 벗어난 천만억 나유타 수의 무리도 향과 꽃을 가지고 와서 부처님께 공양을 올리니 이 모든 무리는 지장보살의 교화로 인하여 영원히 아뇩다라삼먁삼보리에서 물러서지 않았다. 이들은 아득한 구원겁으로부터 윤회하며 고통 속에 살아왔으나, 지장보살의 크고 넓은 자비의 원력으로 마침내 저마다 과를 증득하게 된 이들이었다.

그리하여 도리천에 이르러 기쁨과 환희로 가득 차 부처님을 찬탄하며 한마음으로 예배하였더니 그때에 부처님께서

제이(第二)

금빛 팔을 펴시어 백천만억 불가사의하고 헤아릴 수 없으며 말로도 다할 수 없는 무량 아승지 세계에 나투었던 모든 지장보살 마하살의 이마를 어루만지시며 이와 같이 말씀하셨다.

"내가 오탁악세에서 거칠고 어리석은 중생들을 교화하여 그들이 마음을 다스리고, 삿된 길을 버리고 바른 길로 돌이키게 하였으나 그 가운데 열에 한둘은 여전히 악한 습을 이어가므로 천백억 분신으로 나투어 널리 방편을 베풀었느니라. 이에 어떤 이는 근기가 예리하여 듣자마자 믿음을 내고, 어떤 이는 선한 인연이 있어 부지런히 권하면 곧 성취하며, 어떤 이는 어둡고 둔하여 오래도록 가르쳐야 비로소 귀의하며, 어떤 이는 업장이 무거워 공경심조차 내지 않기도 하였느니라.

이렇듯 중생마다 근기가 다르므로 나는 그에 맞추어 다양한 몸으로 나투어 제도하였으니 어떤 때는 남자의 몸으로, 어떤 때는 여자의 몸으로, 혹은 천룡의 모습으로, 혹은 영의 모습으로, 또 어떤 때는 산이나 숲, 시내나 강물, 샘물과 우물로 화현하여 사람들에게 이익을 미치고 마침내 모두 해탈에 이르게 하며 또한 제석천왕의 몸으로 나타나며 혹은 범왕의 몸으로 나타나며 혹은 전륜성왕의 몸으로 나타나며 혹은 거사의 몸으로 나타나며 혹은 국왕이나 재상의 몸으로 나타나며, 때로는 관속의 몸으로도 나투어 중생을 교화하였느니라. 혹은 비구와 비구니, 우바새와 우바이, 성문과 나한, 벽지불이나 보살등의 모습으로도 몸을 나투어 교화하였으니 이처럼 부처의 몸으로만 나투지 않느니라.

내가 여러 겁 동안 이처럼 교화하기 어려우며 억세고 거칠며 죄를 지어 고통받는 중생들을 제도해 왔으나 만약 조복받지 못한 자가 자기 업보를 따라서 악한 곳에 떨어져 큰 고통을 받게 되는 것을 보거든, 그대는 마땅히 지금 내가 도리천궁에서 은밀히 부촉한 뜻을 깊이 새겨 사바세계에 미륵불이 오기 전까지 모든 중생을 해탈에 이르게 하여 영원히 고통을 여의고 부처님의 수기를 받도록 하라."

그때, 모든 세계의 지장보살 화신들이 일제히 한 몸으로 회복되어 눈물을 흘리며 부처님께 아뢰었다.

"제가 아득한 구원겁 이래로 부처님의 인도를 받아 불가사의한 위신력을 얻고 큰 지혜를 갖추게 되었사오니 저의 분신들이 백천만억 항하사 세계에 가득 퍼져 있으며, 그 각각

제이(第二)

의 세계마다 또한 백천만억의 몸을 나투어 항상 중생을 제도하고 있사옵니다. 저는 모든 세계마다 백천만억의 중생을 인도하여 삼보께 귀의하게 하고 영원히 생사의 고통을 여의어 열반의 즐거움에 이르게 하겠습니다. 불법 가운데에서 비록 한 터럭, 한 물방울, 한 알의 모래, 한 티끌, 털끝만큼이라도 착한 인연을 지은 자가 있다면, 저는 반드시 그를 교화하고 제도하여 마침내 해탈을 얻게 하겠습니다. 원하옵건대 부처님이시여, 후세의 악업 중생들을 염려하지 마옵소서."

그때 부처님께서 지장보살을 칭찬하며 말씀하셨다.
"착하고도 착하도다. 내가 그대의 기쁨을 돕겠노라. 그대가 아득한 구원겁으로부터 큰 서원을 세우고 마침내 이를 성취하여 널리 중생을 제도하기를 마치면, 곧 깨달음을 얻게 되리라."

제삼(第三) 관중생업연품

그때 부처님의 어머니이신 마야부인이 공경스럽게 합장하며 지장보살께 여쭈었다.
"성자시여, 염부제 중생들이 지은 업은 어떤 것이며, 그에 따라 받는 과보는 어떠합니까?"

이에 지장보살이 대답하였다.
"천만 세계의 국토 중에 어떤 곳에는 지옥이 있고 어떤 곳에는 지옥이 없으며, 어떤 곳에는 여인이 있고 어떤 곳에는 여인이 없으며, 어떤 곳에는 불법이 있고 어떤 곳에는 불법이 없으며, 성문이나 벽지불이 있는가 하면 없는 곳도 있는 것처럼, 지옥의 죄보 또한 한 가지 모습으로만 있는 것이 아닙니다."

제삼(第三)

마야부인이 지장보살께 다시 여쭙기를,
"염부제에서 지은 죄업으로 인해 받게 되는 악한 과보에 대해서도 듣기를 원하옵니다."

지장보살이 대답하기를,
"성모여, 부디 잘 들으소서. 제가 말씀드리겠습니다."
"성자시여, 말씀해 주옵소서."
지장보살이 마야부인에게 대답하였다.
"염부제에서 죄를 지은 중생은 다음과 같은 죄보를 받게 됩니다. 만약 어떠한 중생이 부모에게 불효하고 혹 살생하게 되면 당연히 무간지옥에 떨어져서 천만억겁이 지나도 벗어날 기약이 없습니다. 만약 어떤 중생이 불상에 해를 입히거나 삼보를 비방하고 경전을 공경하지 않으면 이 또한 마땅히 무간지옥에 떨어져 천만억겁이 지나도 벗어날 기약이 없습니다. 만약 어떤 중생이 절 재물을 훔치거나 손해를 끼치거나, 비구·비구니를 더럽히거나, 절 안에서 제멋대로 음욕을 행하거나, 살생하거나 해롭게 하면 이와 같은 무리는 마땅히 무간지옥에 떨어져서 천만억겁이 지나도 벗어날 기약이 없습니다.

또 만약 어떤 한 중생이 거짓 중이라 이름하되 마음은 중이 아니라 절 재물에 손실을 입히고 신도를 속이며 계율을 어기고 여러 가지 악한 일을 하면 이와 같은 무리는 마땅히 무간지옥에 떨어져서 천만억겁이 지나도 벗어날 기약이 없습니다.

만약 어떤 중생이 절 재물을 도둑질하여 곡식이나 음식이나 의복 등 주지 않은 것을 가지는 자는 마땅히 무간지옥에 떨어져서 천만억겁이 지나도 벗어날 기약이 없습니다.

성모시여, 죄업을 지으면 이와 같은 과보를 받게 되며 다섯 무간지옥에 떨어져 잠시라도 고통을 멈출 수 없습니다."

마야부인이 다시 지장보살에게 물으시기를,
"어찌하여 무간지옥이라 이름합니까?"
지장보살이 대답하였다.
"성모시여, 모든 지옥이 큰 철위산 속에 있는데 큰 지옥이 열여덟 곳이 있고, 그 다음의 지옥이 오백이 있으니 이름이 각각 다르며 그 다음의 지옥이 천백이 있으니 이름이 각각 다릅니다.

무간지옥의 성 둘레는 팔만여 리이고, 그 성은 모두 쇠로 되

제삼(第三)

어있으며, 높이는 일만 리이고, 성 위에 불무더기가 조금도 빈틈이 없으며, 그 지옥의 성 안에는 모든 것이 서로 이어져 있는데 이름이 각각 다릅니다.

오직 한 곳의 이름이 무간이니 그 지옥의 둘레는 일만 팔천 리이고 지옥 담장의 높이는 일천 리이며 다 쇠로 되어있습니다. 위에 불은 아래로 타내려오고 아래 불은 위로 치솟으며, 쇠로 된 뱀과 개가 불을 토하면서 지옥 담장 위를 동서로 달리며, 지옥 안에는 넓이가 일만 리가 되는 평상이 있습니다. 한 사람이 죄를 받되 스스로 그 몸이 평상에 가득 차게 누웠음을 보고, 천만 인이 죄를 받되 또한 각각 그 몸이 평상 위에 가득 참을 보게 되니, 업보를 받음이 이와 같습니다.

또 죄 지은 자가 온갖 고통을 골고루 갖추어 받나니 백천이나 되는 야차와 악귀의 어금니는 칼날과 같고, 눈빛은 번개와 같으며, 손은 구리쇠 손톱이 달려있어 창자를 빼내어 토막토막 자르며, 어떤 야차는 큰 쇠창을 들고 죄 지은 자의 몸을 찌르는데, 입과 코를 찌르며 혹은 배와 등을 찌르며 공중에 던졌다가 뒤집어 받아 평상 위에 놓기도 합니다.

또한 쇠로 된 매가 있어 죄 지은자의 눈을 파고, 쇠로 된 뱀은 목을 감아 조이며, 온몸 마디마디에 긴 못을 박고, 혀를 뽑아 쟁기를 갈게하며, 구리쇳물을 입에 붓고, 뜨거운 무쇠로 몸을 얽어 만 번도 더 죽었다가 깨어나게 하니 죄업으로 받는 과보가 이와 같아서 억겁을 지나도 벗어날 기약이 없습니다.

또한 이들은 이 세계가 무너질 때 다른 세계로 옮기고, 다른 세계가 무너지면 또 다른 곳으로 굴러가게 되며, 그 다른 곳이 무너질 때마다 돌고 돌아 옮기다가 이 세계가 이뤄진 뒤에 다시 돌아오게 되니 무간지옥의 죄보는 이와 같습니다.

또한 다섯 가지로 말미암아 이를 무간지옥이라 이름하나니 그 다섯 가지는 다음과 같습니다.

첫째는 밤낮으로 죄를 받는데 여러 겁을 거듭한다 해도 잠깐이라도 끊일 새가 없으므로 무간이라 합니다.

둘째는 한 사람만으로도 그 지옥이 가득 차고 많은 사람이 있어도 가득 차므로 무간이라 합니다.

셋째는 죄받는 기구에 창과 방망이며 매와 뱀, 늑대와 맷돌, 톱과 도끼, 끓는 가마솥의 물이며, 쇠 그물, 쇠 노끈, 쇠 나귀, 쇠 말 등이 있으며, 생가죽으로 목을 조르며 쇳물을 몸에 들이붓고 배고프면 쇠구슬을 삼키게 하며, 목마르면

제삼(第三)

쇳물을 마시게 하기를 해가 다하고 겁이 다함에 한량없는 겁이 지나도록 하여 고통이 잠시라도 끊일 새가 없으므로 무간이라 합니다.

넷째는 남자나 여자나 중앙에서 태어났거나 변방에서 태어났거나 늙거나 젊거나 귀하거나 천하거나 묻지 않고 같은 죄를 받으니 그러므로 무간이라 합니다.

다섯째는 만일 이 지옥에 떨어지면 처음 들어갔을 때부터 백천겁에 이르도록 하루 동안에 만 번 죽고 만 번 살아나서 그 사이에 잠깐이라도 쉬고자 하여도 쉴 수가 없고, 업이 다하여 다른 곳에 나게 됨을 얻지 못하면 이렇게 끊이지 않고 이어지므로 무간이라고 합니다.

성모시여, 무간지옥을 대략 설명하면 이와 같으나 만일 지옥에서 죄받는 기구 등의 이름이나 모든 괴로운 일을 상세히 말하자면 한 겁 동안이라도 다 말하지 못할 것입니다."

마야부인이 이 말을 듣고 나서 근심스럽게 합장 정례하고 물러갔다.

제사(第四) 염부중생업감품

이때 지장보살 마하살이 부처님께 아뢰었다.
"세존이시여, 제가 부처님의 위신력을 입었으므로 백천만억 세계에 두루 이 몸을 나투어서 일체 업보 중생을 제도하오니 만일 부처님의 큰 자비력이 아니면 능히 이와 같은 변화를 짓지 못할 것입니다.
제가 이제 또 부처님의 부촉하심을 받아 아일다께서 성불하여 오실때까지 육도 중생을 해탈케 하오리니 오직 원하옵건대 부처님은 조금도 염려하지 마옵소서."

부처님께서 지장보살에게 이르시기를,
"일체중생이 해탈하지 못하는 것은 성품이 정해짐이 없기 때문에 악함을 행하면 업을 짓고, 선함을 행하면 과를 맺어 그 경계에 따라 태어나며, 오도를 윤회하여 많은 겁이 지나도록 잠시라도 쉴새 없이 의혹에 사로잡히고 어려움에 가

제사(第四)

로막히는 것이니라. 이는 마치 물고기가 그물 안에 놀면서 흐르는 물속에 있는 줄 알아 벗어났다가 들어가고 잠시 나왔다가 또다시 그물에 걸리는 것과 같다. 이와 같은 무리들을 내가 근심하고 염려하였는데, 그대가 이미 예로부터 세웠던 원력을 여러 겁을 두고 거듭 세워 이 죄지은 중생 무리를 제도하리라 하니 내가 다시 무엇을 염려하겠는가."

이 말씀을 설할 때 회중에 한 보살마하살이 있어 이름을 정자재왕이라고 하였는데 부처님께 아뢰기를,
"세존이시여, 지장보살이 여러 겁을 내려오면서 각각 어떤 서원을 세웠기에 이렇게 세존의 은근하신 찬탄을 입게 되었습니까? 원하옵건대 세존께서는 간략하게 말씀하여 주옵소서."

그때 부처님께서 정자재왕보살에게 말씀하셨다.
"자세히 듣고 자세히 들어서 잘 생각하여라. 내가 마땅히 그대를 위하여 분별하여 설명하리라.
과거 한량없는 아승지 나유타 불가설 겁 전에 한 부처님이 계셨으니 명호는 일체지성취여래·응공·정변지·명행족·

선서 · 세간해 · 무상사 · 조어장부 · 천인사 · 불세존이셨다. 그 부처님의 수명은 육만 겁이나 되었는데, 출가하지 아니했을때 작은 나라의 왕으로 이웃 나라의 한 국왕과 벗이 되어 함께 열가지 선을 행하며 중생을 넉넉하고 유익되게 하였느니라. 그런데 그 이웃 나라의 백성들은 악한 일을 많이 하니 두 왕이 의논하여 널리 방편을 베풀었는데, 한 왕이 원을 발하기를 '내가 어서 불도를 이루어 이러한 무리를 제도하여 남음이 없게 하리라.'라고 하였고, 다른 한 왕은 원을 세우기를 '나는 죄를 지어 고통받는 중생들을 모두 제도하여 이들로 하여금 깨달음을 얻어 안락함을 얻지 못하게 한다면 결코 성불하기를 원하지 않는다.'라고 하였느니라. 어서 성불하기를 발원한 왕은 일체지성취 여래이고, 영원토록 죄받는 중생을 제도하고자 발원한 왕은 지장보살이니라. 또 다른 과거 한량없는 아승지겁 전에 한 부처님이 세상에 출현하셨으니 명호가 청정연화목 여래이시며 그 부처님 수명은 사십 겁이었느니라. 그 부처님 상법시대에 한 아라한이 복으로 중생을 제도하였는데 차례로 교화하다가 광목이라하는 여인을 만나게 되었느니라. 광목이 음식을 베풀어 공양하기에 아라한이 묻기를 '그대는 원하는 바가 무

제사(第四)

엇인가?' 광목이 대답하기를 '저의 어머니가 돌아가셔서 명복을 빌어 구제하고자 하오나 어머니가 나신 곳을 알지 못하옵니다.' 이에 아라한이 불쌍히여겨 선정에 들어 광목의 어머니를 보니 지옥에 떨어져서 크게 고통을 받는 것이 보였느니라. 하여 묻기를,

'너의 어머니가 세상에 계실 적에 무슨 죄업을 지었길래 지금 지옥에 떨어져서 극한 고통을 받고 있는가?'라고 하니 광목이 대답하기를 '우리 어머니는 평소에 물고기와 자라 등을 먹기를 좋아하셨으며 그중에서도 새끼를 많이 먹었는데, 굽고 지져서 마음껏 드셨습니다. 아마 그 수가 천만보다 배가 될 것입니다. 존자께서는 불쌍하게 여기시어 어떻게든 저의 어머니를 구원해 주옵소서.' 아라한이 불쌍히 여기어 방편을 지어 광목에게 말하였느니라.

'너는 지극 정성으로 청정연화목 여래를 생각하고 그 형상을 그려 모시면 산 사람이나 죽은 사람이 모두 좋은 과보를 얻게 될 것이다.' 광목이 이를 듣고 아끼던 물건들을 팔아 부처님 형상을 그려 공양을 올리고 공경하는 마음으로 슬피 울며 기도드렸더니 꿈에 부처님이 큰 광명을 놓으시며 광목에게 말씀하시길, '너의 어머니가 오래지 않아 너의 집에

태어나서 춥고 배고픔을 알게 될 때쯤이면 곧 말을 하게 될 것이다.'라고 하였더니라.

그 일이 있고 나서 정말로 광목의 집안에 한 종이 자식을 낳았는데, 사흘이 채 못되어 말을 하며 머리를 숙여 슬피 울면서 광목에게 말하였더니라, '생사의 업연으로 과보를 스스로 받게 되나니, 나는 너의 어미로 오래도록 어두운 곳에 있었으며 너와 헤어진 후로 여러 번 큰 지옥에 떨어졌으나 이제 너의 복력을 입어 사람의 몸을 받았지만 이렇게 하천한 사람이 되었구나. 그마저 단명하여 나이 열세 살이 되면 다시 나쁜 곳에 떨어지게 될 것이니 이 고통을 면하게 할 수 있겠느냐?' 광목이 이 말을 듣고는 틀림없이 어머니인 것을 의심치 않고 슬피 울면서 말하였느니라. '우리 어머니가 틀림없다면 본래 지은 죄업을 다 아실 것입니다. 무슨 죄업을 지어서 악도에 떨어졌습니까?' 그러자 종의 자식이 된 그의 어머니가 대답하기를 '살생하고 불법을 헐뜯고 훼방한 두 가지 죄업으로 과보를 받았다. 만일 네가 복을 지어 나를 고통에서 구제해 주지 않았으면 나는 그러한 업을 지었으므로 고통에서 벗어날 수 없었을 것이다.'

'지옥에서는 어떤 고통을 겪으셨습니까?'

제사(第四)

'죄 받은 일을 차마 말로는 다 할 수 없다. 백천 년을 지낼지라도 다 말하지 못할 것이다.' 광목이 그 말을 듣고 나서 눈물을 흘리고 슬피 울며 허공을 향하여 말하기를 '원하옵건대, 부디 저의 어머니가 영원히 지옥의 갈래를 벗어나 열세 살을 마치고도 다시는 악도에 빠지지 않게 해 주옵소서. 시방에 모든 부처님은 자비로 저를 불쌍히 여기시어 제가 어머니를 위하여 세운 이 광대한 서원을 들어주옵소서.

만일 우리 어머니가 삼악도와 하천함 내지 여인의 몸까지 여의어서 영원히 과보를 받지 않게 된다면, 제가 오늘 청정연화목 여래의 형상을 대하는 지금부터 이 뒤로 백천만억 겁 동안 많은 세계에 있는 지옥과 삼악도에서 고통받는 중생을 구제하여 지옥·아귀·축생 등을 여의고 모두 성불한 연후에야 비로소 정각을 이루겠습니다.'라고 서원 하기를 마치자 공중에서 청정연화목 여래의 말씀이 들려 이르시길 '광목아! 네가 대자비심으로 어머님을 위하여 이와 같이 큰 서원을 세웠으니 내가 관하건대 너의 어머니는 열세 살을 마치면 이 과보의 몸을 벗고 바라문으로 태어나서 백 세의 수명을 누릴 것이고, 그 업보를 마치면 범지에 태어나서 헤아릴 수 없는 겁을 살다가 불과를 이루어서 널리 인간세상과 천상의 중생을 제도하니 그 수는 항하의 모래 수만큼이나 많으리라.'라고 하였느니라."

부처님이 정자재왕에게 계속 말씀하시기를,
"그때 아라한의 몸으로 광목을 제도한 자는 무진의보살이요, 광목의 어머니는 해탈보살이며, 광목은 지장보살이니라. 지장보살은 과거 구원겁 동안 이와 같이 중생을 사랑하고 불쌍히 여겨 항하의 모래알만큼 많은 서원을 세워 널리 중생을 제도하였느니라. 미래세 가운데 선을 행하지 않고 악함을 행하는 자, 인과를 믿지 않는 자, 사음하고 망어하는 자, 양설하고 악담을 하는 자, 대승을 비방하는 자 등 이와 같은 악업중생은 반드시 악도에 떨어지게 되느니라. 그러나 만약 선지식을 만나서 그의 권유로 손가락을 한번 튕길 사이라도 지장보살에게 귀의한다면 이 모든 중생들이 곧 삼악도 과보에서 해탈함을 얻을 것이다.

만약 지극한 마음으로 귀의하고 공경하며 예배하고 찬탄하며, 향·꽃·의복과 갓가지의 진귀한 보배와 음식으로 받들어 섬기는 자는 미래 백천만억겁 중에 항상 하늘에 태어나 즐거움을 받을 것이다. 만약 하늘의 복이 다하여 인간 세상

제사(第四)

에 나게 되어도 백천겁을 항상 제왕이 되어 능히 숙명의 인과에 대한 본말을 생각하리라.
정자재왕이여, 지장보살은 이와 같이 큰 위신력이 있어 널리 중생을 이롭게 하니 모든 보살은 마땅히 이 경전을 기록하고 널리 유포하도록 하여라."

정자재왕보살이 부처님께 말씀 올리기를,
"원하옵건대, 염려하지 마옵소서. 저희 천만억 보살마하살이 반드시 부처님의 위신력을 받들어 널리 이 경전을 연설하여 염부제의 중생들을 이롭게 하겠습니다."
이와 같이 정자재왕보살이 세존께 말씀드리고 나서 합장하고 공경히 예를 올리고 물러갔다.

그때 사천왕이 자리에서 일어나 합장하며 공경히 부처님께 말씀드렸다.
"세존이시여, 지장보살이 구원겁 이래에 이와 같이 큰 원을 세웠거늘 어찌하여 지금까지도 제도함이 끊어지지 않으며 또 다시 광대한 서원을 세웁니까? 원하옵건대 부처님께서는 저희를 위하여 설해 주옵소서."

부처님이 사천왕에게 이르시기를,
"착하고 착하다. 내가 이제 그대와 미래·현재의 하늘과 인간 무리들을 위하여 널리 이롭게 하고자 지장보살이 사바세계 염부제의 생사 도중에 자비심으로 일체의 고통 받는 중생을 해탈케 하는 방편을 설하겠다."

사천왕이 말씀드리기를,
"예. 세존이시여, 원하옵건대 기꺼이 듣고자 합니다."
부처님이 사천왕에게 이르시기를,
"지장보살이 오랜 겁으로부터 오늘에 이르도록 중생들을 제도해 왔지만. 아직도 서원을 마치지 못하였고, 죄로 인해 고통 받는 중생을 불쌍히 여기며 미래의 한량없이 많은 겁 동안 거듭 서원을 세우니 다음과 같이 사바세계의 염부제 중생들을 백천만억 방편으로 제도하고 있느니라.
사천왕이여, 지장보살이 만약 살생하는 자를 만나면 전생의 재앙으로 단명하는 과보를 말해 주고, 만약 도둑질하는 자를 만나면 빈궁하여 고통 받는 과보를 말해 주고, 만약 사음하는 자를 만나면 비둘기와 원앙새로 태어나는 과보를 말해 주고, 만약 악담하는 자를 만나면 권속이 서로 싸움하

제사(第四)

는 과보를 말해 주고, 만약 남을 훼방하는 자를 만나면 혀가 없거나 입에 부스럼이 나는 과보를 말해 주고, 만약 성내는 자를 만나면 얼굴이 더럽고 울퉁불퉁하여 추악한 과보를 말해 주고, 만약 간탐하고 인색한 자를 만나면 바라는 소원이 뜻대로 되지 않는 과보를 말해 주고, 만약 음식에 절도가 없이 먹는 자를 만나면 배고프고 목마르며 목병이 생기는 과보를 말해 주고, 만약 사냥을 즐기는 자를 만나면 놀라 미치고 목숨을 잃어버리는 과보를 말해 주고, 만약 부모의 뜻을 거역하고 행패 부리는 자를 만나면 천재지변으로 갑자기 죽는 과보를 말해 주고, 만약 산의 숲과 나무에 불 지르는 자를 만나면 미쳐서 헤매다 죽음을 자초하는 과보를 말해 주고, 만약 부모에게 악독하게 하는 자를 만나면 반드시 다시 바꾸어 태어나서 매 맞는 과보를 말해 주고, 만약 그물로 살아 있는 동물의 새끼를 잡는 자를 만나면 가족이 이별하는 과보를 말해 주고, 만약 불법승 삼보를 훼방하는 자를 만나면 눈멀고 귀먹고 벙어리가 되는 과보를 말해 주고, 만약 불법을 가볍게 여기고 가르침을 업신여기는 자를 만나면 영원히 악도에 떨어지는 과보를 말해 주고, 만약 절의 물건을 마구 함부로 쓰는 자를 만나면 억겁토록 지옥에서 윤회하는 과보를 말해 주고, 만약 불법을 더럽히고 스님을 속이는 자를 만나면 영원토록 축생을 면치 못하는 과보를 말해 주고, 만약 끓는 물이나 타는 불이나 도끼나 낫 같은 것으로 생명을 다치게 하게 하는 자를 만나면 윤회하면서 서로 갚는 과보를 말해 주고, 만약 계율을 깨고 재계를 범하는 자를 만나면 새와 짐승의 몸을 받아 주리고 배고픈 과보를 말해 주고, 만약 재물을 옳지 않게 헐어 쓰는 자를 만나면 구하는 바가 막혀 더 이상 생기지 않는 과보를 말해 주고, 만약 아만심이 높은 자를 만나면 미천하게 되는 과보를 말해 주고, 만약 한 입으로 두말하여 서로 싸우게 하는 자를 만나면 혀가 없거나 혀가 많거나 하는 과보를 말해 주고, 만약 삿된 소견을 가지는 자를 만나면 변방에 태어나는 과보를 말해 주리라. 이렇게 염부제의 중생이 몸과 말과 뜻으로 짓는 악업의 결과로 받는 백천 가지의 과보를 이제 간략하게 말하였으니, 이것은 염부제의 중생들이 각자가 짓는 죄업에 따라 과보를 받음에 갖가지 차별이 있음을 말한 것이다. 지장보살이 백천 방편으로 교화하건만 많은 중생이 이와 같은 죄보를 받아 지옥에 떨어져 여러 겁이 지나도록 벗어날 기약이 없으므로 그대들은 중생들을 잘 보호하여 이 모든 업으로 미혹에 빠지는 일이 없게 하여라."

제사(第四)

사천왕이 부처님의 말씀을 듣고 눈물을 흘리며 슬피 탄식하면서 합장하고 물러갔다.

제오(第五) 지옥명호품

 그때 보현보살 마하살이 지장보살에게 말하기를,
"인자시여, 원하옵건대 천룡팔부와 현재와 미래의 모든 중생을 위하여 죄짓는 중생들이 업보로 받는 지옥의 이름과 과보를 받는 일들을 말하여서 미래세의 말법 중생으로 하여금 이 과보를 알게 하소서."

지장보살이 대답하여 말하기를,
"인자시여, 내가 이제 부처님의 위신력과 대사(보현보살)의 힘을 입어 간략하게 지옥의 이름과 죄보로 받게 되는 일을 말씀드리겠습니다.
염부제 동쪽에 산이 있는데 이름을 철위라하며, 그 산은 캄캄하고 깊어서 일월광명이 없고, 큰 지옥이 있는데 그 이름은 극무간 지옥입니다.
또 지옥이 있으니 대아비 지옥이고, 사각 지옥 · 비도 지옥 ·

제오(第五)

화전 지옥·협산 지옥·통창 지옥·철거 지옥·철상 지옥·철우 지옥·철의 지옥·천인 지옥·철려 지옥·양동 지옥·포주 지옥·유화 지옥·경설 지옥·좌수 지옥·소각 지옥·담안 지옥·철환 지옥·쟁론 지옥·철수 지옥·다진 지옥이 있습니다."

지장보살이 또 말하기를,

"인자시여, 철위산 안에는 이와 같은 지옥들이 있되 그 수가 셀 수 없이 많습니다. 이 밖에도 또 지옥이 있으니, 규환 지옥·발설 지옥·분뇨 지옥·동쇄 지옥·화상 지옥·화구 지옥·화마 지옥·화우 지옥·화산 지옥·화석 지옥·화상 지옥·화량 지옥·화응 지옥·거아 지옥·박피 지옥·음혈 지옥·소수 지옥·소각 지옥·도자 지옥·화옥 지옥·화랑 지옥 등이 있고, 그 가운데 각각 다시 작은 지옥이 있되 하나이거나 혹은 둘인 것도 있고 혹은 백천 가지인 것도 있으며 그것들의 이름도 각각 다릅니다.

인자시여, 이러한 것은 다 염부제에서 악한 일을 행하는 중생들이 업에 따라 과보를 받아 이와 같이 되는 것입니다. 업력이 너무 커서 능히 수미산에 비길만하며 능히 큰 바다보다 깊으며, 이런 업으로 깨달음의 길을 방해하므로 중생들은 설령 조그마한 악이라도 가볍게 여겨 죄가 없다 이르지 말아야 합니다.
죽은 뒤의 갚음은 털끝만 한 것이라도 과보가 있으면 다 죄를 받게 되니 어버이와 자식 같은 지극히 가까운 사이라 할지라도 가는 길이 각각 다르고 설령 서로 만날지라도 그 업보를 대신 받을 수가 없습니다.
내가 지금 부처님의 위신력을 입어서 대략 지옥에서의 죄보에 대한 일을 말하겠으니 바라건대 인자시여 잠깐 들어 보소서."

보현보살이 대답하기를,
"나는 비록 오래전부터 삼악도의 죄보를 잘 알고 있으나, 지장보살께서 직접 말씀해 주시기를 바라는 것은 훗날 말법시대의 모든 악행 중생들로 하여금 보살님의 가르침을 듣고 불법에 귀의하게 하려는 뜻이니 기꺼이 듣겠습니다."
이에 지장보살이 말하였다.
"인자시여, 지옥에서 죄업으로 받는 과보는 이러합니다.
어떤 지옥은 죄인의 혀를 빼서 소로 하여금 갈게 하며, 어떤 지옥은 죄인의 간을 빼서 야차가 먹게 하며, 어떤 지옥

제오(第五)

은 끓는 가마에 죄인의 몸을 삶으며, 어떤 지옥은 벌겋게 달군 구리쇠 기둥을 죄인이 안게 하며, 어떤 지옥은 모진 불덩이를 날려서 죄인의 몸을 덮어씌우며, 어떤 지옥은 온통 차가운 얼음뿐이며, 어떤 지옥은 가마솥에 물을 끓여서 죄인의 몸을 지지며, 어떤 지옥은 끝없는 똥과 오줌뿐이며, 어떤 지옥은 빈틈없이 화살이 날아다니며, 어떤 지옥은 많은 불창으로 찌르며, 어떤 지옥은 방망이로 등과 가슴을 두들기며, 어떤 지옥은 손과 발을 태우며, 어떤 지옥은 무쇠 뱀이 온몸을 감으며, 어떤 지옥은 무쇠 개에게 쫓기며, 어떤 지옥은 무쇠 나귀에 끌려다니게 합니다.

인자시여, 이와 같이 죄업으로 받는 지옥에는 각각 백천 가지의 벌 주는 기구가 있는데 그것은 모두 구리, 무쇠, 돌, 불로 된 것입니다. 이 네 가지 물건은 여러 가지 죄업의 과보로 생긴 것입니다. 만약 지옥에서 고통 받는 일을 다시 말한다면 각각의 옥중에서 다시 백천 가지의 고초가 있으니, 하물며 그 많은 지옥의 고통을 어찌 말로 다할 수 있겠습니까? 내가 이제 부처님의 위신력으로 인자하신 보살님의 질문을 받들어 간략하게 설한 것이 이와 같으니 만약 더 자세히 설명하자면 몇 겁이 다하여도 다 마치지 못할 것입니다."

제육(第六) 여래찬탄품

그때 부처님께서 크고 밝은 광명을 놓으시어 백천만억 항하의 모래알만큼이나 많은 모든 부처님 세계를 두루 비추시며 큰 음성으로 널리 모든 부처님 세계의 모든 보살마하살과 천신과 용신, 영적 존재와 사람과 사람 아닌 무리들에게 이르시기를,

"내가 오늘 지장보살 마하살이 시방세계에서 가히 헤아릴 수 없는 대자비의 힘을 나투어 죄 지어 고통 받는 모든 중생을 구제하는 그 행을 찬탄하고자 하니 그대들은 잘 들으라. 내가 멸도한 후에 모든 보살 대사와 천룡과 영의 무리는 널리 방편을 베풀어 이 경전을 수호하고, 일체 중생으로 하여금 모든 고통을 여의고 열반의 즐거움을 얻게 하라."

이렇게 말씀하시니 법회에 참석한 이들 가운데 한 보살이

제육(第六)

있어 이름을 보광이라 하는데 공경히 합장하며 부처님께 아뢰었다.
"세존께서 지장보살의 불가사의한 대위신력이 있음을 찬탄하셨사오니 원하옵건대 세존께서 미래세 말법시대의 중생들을 위하여 지장보살께서 인간과 천상에 이익을 주는 인과의 가르침을 말씀하시어 천룡팔부와 미래세의 중생들로 하여금 부처님의 법문을 받아 지니게 하여 주옵소서."

그때 부처님께서 보광보살과 사부대중들에게 말씀하시기를,
"자세히 듣고 자세히 들어라. 내가 마땅히 그대들을 위하여 간략히 지장보살이 인간과 천상을 이익 되게 하는 복덕에 대하여 말하리라."
보광보살이 말하기를,
"예. 세존이시여, 원컨대 기꺼이 듣고 전하겠습니다."
부처님이 보광보살에게 이르시기를,
"미래세 가운데 만약 선남자 선여인이 지장보살 마하살의 이름을 듣는 자와 혹 합장하는 자와 찬탄하는 자와 예를 올리는 자와 깊이 생각하는 자 등이 있다면, 이러한 사람들은 사십 겁 동안 지은 죄를 뛰어넘게 되리라.

보광보살이여, 만약 어떤 사람이 지장보살의 형상을 그리거나 혹은 흙과 돌에 칠을 하여 만들거나 금·은·동·철 등으로 이 보살의 형상을 조성하여 한 번이라도 우러러 사모하며 예배한다면, 그 공덕으로 인해 삼백 번이나 삼십삼 도리천에 태어나게 되고, 오랜 세월 동안 악도에 떨어지지 않을 것이며, 비록 천상의 복이 다하여 인간으로 태어난다 하더라도 반드시 나라의 왕이 되어 큰 이익을 얻게 되리라. 또 만약 어떤 여인이 여인의 몸을 싫어하여 지극한 정성으로 지장보살의 형상을 만들고 흙과 돌에 칠하거나 구리나 철 등으로 된 형상에 향과 꽃, 음식과 의복, 비단이나 금·은·보배와 같은 물건으로 날마다 물러남 없이 공양한다면, 이 선여인은 다음 생에 여인의 몸을 받는 과보가 모두 다하고 백천만 겁이 지나도록 다시는 여인이 있는 세계에도 태어나지 않으며, 여인의 몸을 다시 받는 일도 없을 것이니라. 다만 깊은 자비심으로 꼭 여인의 몸을 받아 중생을 제도하고자 하는 경우를 제외하고는 지장보살님께 공양한 그 힘과 공덕력으로 인해 백천만 겁 동안 다시는 여인의 몸을 받지 않을 것이니라.

보광보살이여, 만약 어떤 여인이 스스로의 몸이 추하다고

제육(第六)

여기고 병이 많아 이를 싫어하여 지장보살 형상 앞에서 지극한 마음으로 잠시 밥 먹는 시간만큼만이라도 우러러 예배한다면 이 사람은 천만 겁 동안 원만한 몸을 받아 태어나게 되고 온갖 질병에서 벗어나게 되리라.

또 만약 이 여인이 여자의 몸을 싫어하지 않는다면, 백천만억 생 동안 항상 왕녀나 왕비, 재상이나 명문가의 딸로 태어나 단정하고 훌륭한 모습으로 갖추어지며 모든 모습이 원만하리니, 이는 지장보살에게 지극한 마음으로 우러러 예배한 복덕으로 얻게 되는 과보이니라.

또, 만약 어떤 사람이 지장보살의 상 앞에서 악기를 연주하고 노래로 찬탄하며 향과 꽃으로 공양하고, 또 그 공덕을 많은 사람들에게 권한다면, 그 공덕으로 인해 현재세나 미래세에 항상 백천의 수호신들이 밤낮으로 지켜주어 온갖 악한 일이 귀에 들리지 않게 되며, 모든 재앙과 불행도 몸으로 직접 겪는 일이 없게 될 것이니라.

또, 미래 세상에 만약 마음이 삿되거나 해로운 기운을 지닌 이들이 지장보살의 형상에 공경하고 공양하며 찬탄하고 우러러 예배하는 사람을 보고 함부로 비웃거나 조롱하며 훼방하고 '무슨 공덕이 있으며 무슨 이익이 있겠는가!'라며

드러내놓고 비방하거나 뒤에서 헐뜯거나 다른 사람에게까지 그르다고 부추기며 한 사람이 그러하든 여러 사람이 함께 그러하든 혹은 단 한 생각이라도 비웃고 훼방하는 마음을 낸다면, 이와 같은 자는 현겁의 천불이 모두 열반에 드신 뒤에 이르더라도 그 비방과 조롱의 죄업으로 말미암아 반드시 아비지옥에 떨어져 매우 무거운 과보를 받게 되리라. 이런 과보를 마친 뒤에야 비로소 아귀의 몸을 받게 되며, 다시 천겁이 지나서야 축생의 몸을 받고, 또 천겁을 지나서야 비로소 사람의 몸을 얻게 되지만, 설령 사람의 몸을 얻었다 하더라도 빈궁하고 천하며 육근이 온전하지 못하고 많은 악업이 그 몸에 얽혀 있어 머지않아 다시 악한 길로 떨어지게 되리라.

다른 사람이 지장보살에게 공양 올리는 것을 훼방하는 것만으로도 이와 같은 무거운 과보를 받게 되거늘 하물며 그릇된 소견을 내어 의도적으로 헐뜯고 망치게 함에야 말해 무엇하겠는가.

보광보살이여, 만약 미래세에 남자나 여인이 있어 오랜 병으로 침상에 누워서 살기를 구하거나 죽기를 구해도 마침내 얻을 수 없고 혹 꿈에 악귀 또는 가정의 친족들이 나타나

제육(第六)

며 혹은 험한 길에서 놀며 혹은 많은 도깨비와 귀신과 함께 놀아서 세월이 오래되어 점점 몸이 마르고 여위어서 잠자다가 부르짖으며 슬프고 즐겁지 아니한 것은 이 모두 업도인 것이다. 그에 대하여 업을 논함에 경중이 정해지지 아니하므로 혹은 목숨을 버리기도 어렵고 혹은 병이 낫지도 아니하니 평범한 눈으로는 이러한 일을 변론할 수 없는 것이다.

다만 마땅히 제불과 보살의 형상 앞에서 소리를 높여 이 경을 한 번 읽어 주거나 혹은 병든 이를 위하여 물건이나 의복, 보배, 장원이나 사택 등을 가지고 병자 앞에서 큰 소리로 이르기를, '저희들이 그대를 위하여 경상 앞에 이 모든 물품을 바치오며, 불경과 불상에 공양 올리겠습니다. 불보살의 형상을 조성하거나, 탑과 절을 세우거나, 인등을 밝히고 사중에 재물을 보시하겠습니다.' 이와 같이 두세 번 병자에게 일러 주어 알아듣게 하라.

설령 의식이 흐려져 기운이 다한 자일지라도 하루나 이틀 혹은 사흘에서 칠일에 이르기까지 다만 큰 소리로 이 사실을 알리고 경전을 높이 독송하면 그 병자는 비록 다섯 가지 무간지옥에 떨어질 업이 있을지라도 이 공덕으로 인해 영원히 해탈을 얻게 되며, 다시 태어나는 곳에서 항상 과거의 일들까지도 자각하게 되리라.

하물며 선남자 선여인이 이 경을 스스로 쓰거나 다른 사람을 시켜 쓰게 하거나 혹 자신이 보살의 형상을 조성하거나 그리거나 혹은 사람을 시켜 조성하거나 그리게 하는 공덕은 말해 무엇하겠는가. 그 공덕으로 반드시 크고 깊은 이익을 얻게 될 것이니라.

이런 까닭에 만약 어떤 사람이 이 경을 독송하거나 한 생각만이라도 이 경을 찬탄하고 이 경전을 공경하는 사람을 보거든 그대는 반드시 백천 가지 방편으로 이들에게 권하여 정근하는 마음이 물러나지 않도록 하여라. 그리하면 능히 현재와 미래에 백천만억의 불가사의한 공덕을 얻게 되리라. 그리고 또, 만약 미래세의 중생들이 꿈속에서나 혹은 잠자는 동안 온갖 기이한 존재들이나 여러 가지 형상들이 나타나 슬퍼하며 울기도 하고, 근심하거나 탄식하며, 혹은 두려워하거나 겁내는 모습을 보게 된다면, 이는 모두 일생이나 십 생, 백 생, 혹은 천 생 동안의 과거세에 인연을 맺었던 부모나 형제자매, 부부나 권속들이 지금 악한 곳에 떨어져 빠져나오지 못한 상태에서 복력으로 구제받을 희망이 없기에 전생의 가족이었던 이들에게 알려 방편을 마련하

제육(第六)

여 자신들이 악도에서 벗어나게 해 주기를 간절히 바라는 뜻에서 그렇게 나타나는 것이니라.

보광보살이여, 그대는 신통력으로 인도하여 이 권속들로 하여금 모든 부처님과 보살님의 형상 앞에서 지극한 마음으로 이 경을 읽게 하거나, 혹은 다른 사람을 청하여 읽게 하여 그 횟수가 세 번에서 일곱 번에 이르게 하면, 이와 같은 악도에 있는 권속들이 경 읽는 소리에 감응하여 해탈을 얻게 되고 그 뒤로는 다시는 꿈속에라도 나타나지 않게 되리라.

또, 만약 미래세에 미천한 사람이거나 혹은 노비거나 모든 자유를 잃은 사람들이 숙세의 업보를 깨닫고 참회를 하고자 하거든 지극한 마음으로 지장보살의 존상을 우러러 예배하면서 7일 동안 보살의 명호를 염하여 만 번을 채우게 되면, 이와 같은 사람들은 지금의 과보가 다한 후에는 천만 생 동안 항상 존귀한 몸으로 태어나며 다시는 삼악도의 고통을 받지 않게 되느니라.

보광보살이여, 만약 미래세의 염부제 중에 찰리(크샤트리아 계급), 바라문, 장자, 거사 등 모든 사람들과 성씨 다른 종족이라도 혹 남자거나 여자를 새로 낳게 되거든 7일 가운데 이 불가사의한 경전을 독송하고 다시 보살의 명호를 생각하되 만 번을 채우게 되면, 새로 낳는 남자 혹은 여자 이건 간에 그 자식의 숙세 죄보는 곧 해탈함을 얻어서 안락하고 기르기 쉬우며 수명이 연장될 것이며, 만약 그가 복력을 받아 태어나는 자라면 안락과 수명이 더해지게 될 것이다.

보광보살이여, 미래세의 중생들은 매달 1일, 8일, 14일, 15일, 18일, 23일, 24일, 28일, 29일과 30일의 십재일에 모든 죄의 가볍고 무거움이 결정되느니라. 염부제 중생들의 행동과 생각 하나하나가 업 아님이 없고 죄 아닌 것이 없거늘, 하물며 방자한 마음으로 살생, 도둑질, 사음, 거짓말 등의 백천 가지의 죄를 일부러 지어서야 되겠느냐.

만약 십재일에 불보살과 모든 성현의 존상 앞에서 이 경을 한번 읽으면 동서남북 백 유순 내에 모든 재앙과 고난이 없으며, 앞으로 이 집에 사는 집안의 어른이나 어린이가 현재 또는 미래, 백천 세에 영원히 악도에서 벗어나게 될 것이고 매달 십재일마다 이 경을 한 편씩 읽으면 현세에는 이 집안에 모든 횡액과 질병이 없을 것이요, 먹고 입는 것이 풍족하게 되리라. 그러므로 보광보살이여, 마땅히 알아야 한다. 지장보살이 이와 같이 말할 수 없는 백천만억의 큰 위신력으로 이익이 되니 모든 중생들이 지장보살의 이름을 듣거

제육(第六)

나 보살의 형상을 보거나 이 경의 세 자, 다섯 자 혹은 한 게송이나 한 구절이라도 듣는 자는 현재에 특별한 안락함을 얻을 것이며, 미래세 백천만 생에 항상 단정함을 얻어서 존귀한 집에 태어나리라."

그때 보광보살이 부처님의 지장보살을 칭찬하고 찬탄함을 듣고 합장하며 다시 부처님께 사뢰었다.
"세존이시여, 저는 예전부터 지장보살님이 불가사의한 위신력과 큰 서원의 힘이 있음을 알았으나 미래의 중생들에게 이익을 알게 하기 위하여 짐짓 부처님께 여쭈었습니다. 세존이시여, 이 경전의 이름은 무엇이며 저희들이 어떻게 유포해야 하겠습니까?"

부처님께서 보광보살에게 이르시기를,
"이 경전은 세 가지의 이름이 있는데 첫 번째 이름은 「지장본원경」이고, 두 번째 이름은 「지장본행경」이며, 세 번째 이름은 「지장본서력경」이다. 이는 지장보살이 오랜 겁으로부터 중대한 원을 세워 중생을 이익 되게 함을 설해 왔으니 그대들은 이 원을 따라 세상에 널리 펴도록 하여라."
보광보살이 부처님의 말씀을 듣고서 신심으로써 합장하고 공경히 예배를 올리고 물러갔다.

제칠(第七) 이익존망품

그때 지장보살 마하살이 부처님께 여쭈었다.
"세존이시여, 제가 관하여보니 이 염부제의 중생들이 생각하고 행하는 모든 것이 죄 아닌 것이 없습니다.
만약 선한 이로움을 만날지라도 초심을 잃으며 혹 악연을 만나면 생각생각에 죄가 더해 갑니다.
이 같은 사람은 마치 진흙 구덩이에 들어감에 무거운 짐을 지고 있는 것과 같아서 점점 몸은 지치고 짐은 무거워서 발이 깊은 데로 빠져드는 것과도 같습니다. 다행히 선지식을 만나게 되면 그 무거운 짐을 덜어 주거나 혹은 짐을 전부 다 져 주며, 이 선지식은 큰 힘이 있는 까닭으로 서로 도와주며 다리에 힘이 나게 해 주고 평지에 이르게되서는 험한 길로 다시 들어가지 못하게 합니다.

제칠(第七)

세존이시여, 나쁜것을 익히는 중생은 털끝만한 것에서 시작하여 한량없는 곳까지 이르게 되는데, 모든 중생이 이와 같은 습관이 있으므로 임종 시에 가족들이 마땅히 복을 베풀어 앞길을 도와주어야 하나이다.

공경하는 마음을 다해 경전을 독송하고, 불상과 모든 성상에 공양하며, 나아가 불보살과 벽지불의 명호를 하나하나 생각해서 임종하는 사람의 귀에 들리게 하거나 본래의 의식에 들어 새기도록 하면, 지은 바 죄업에 따라 그 과보를 받건대 혹여 악취에 떨어질지라도 가족들이 임종하는 사람을 위하여 좋은 인연을 닦은 공덕으로 이 같은 중죄가 다 소멸함을 얻을 것입니다.

또한 만약 누군가가 몸을 마친 뒤 49일 이내에 가족들이 여러 가지 착한 일을 행한다면, 그 공덕으로 인해 그 중생은 영원히 악도를 여의고 인간 세상이나 천상에 태어나 뛰어난 즐거움을 얻게 될 것이며, 현재 살아 있는 가족들 또한 그 공덕으로 말미암아 헤아릴 수 없는 이익을 얻게 되오니, 이런 까닭에 제가 지금 부처님을 모시고 천·룡·팔부신중과 사람, 사람 아닌 모든 무리들이 모인 이 자리에서 염부제의 중생들에게 당부하오니 임종하는 날에는 결코 살생을 하거나 악연을 짓거나 귀신이나 도깨비에게 제사를 지내거나 부질없는 구함을 하지 말도록 권하고자 합니다.

왜냐하면 살생을 하거나 귀신에게 제사를 지내는 일은 털끝만큼도 망자에게 이익이 되지 않을 뿐 아니라 오히려 악연을 새로 짓게 되어 죄업만 더욱 깊어지기 때문입니다.

설령 내생이나 현재 생에 좋은 일을 하여 인간이나 천상에 태어날 인연을 갖추었다 하더라도 임종하는 순간 가족들이 악한 인연을 지으면, 임종자는 그 죄악의 무게를 대신 짊어지게 되어 좋은 곳에 태어나는 길이 늦어집니다.

하물며 임종하는 사람이 살아 있을 때에 작은 선근조차 닦지 않아 이미 자신이 지은 업으로 인해 악도에 떨어질 인연이 정해져 있다면, 살아 있는 가족들이 또다시 악업을 더한다면 어찌 그 죄가 무겁지 않겠습니까?

비유하건대 어떤 사람이 먼 길로부터 오는데 먹을 양식이 떨어진 지 사흘이 되고, 짊어진 물건의 무게는 백 근이 넘거늘 문득 이웃 사람을 만나서 다시 작은 물건을 더 얹게 되면 이것으로 인해 더욱 곤고해지고 무거움을 더 느끼게 됨과 같습니다.

세존이시여, 염부중생이 부처님의 법 가운데서 선한 일을

제칠(第七)

하되 털끝 하나, 물 한 방울, 모래 한 알, 먼지 한 티끌만큼이라도 하게 되면 이와 같은 이익을 스스로 얻게 됩니다."

이때 법회에 참석한 대변이라고 이름하는 한 장자가 있었는데, 무생법을 증득하여 시방 중생을 제도하고 장자의 몸으로 나투었다. 대변장자가 합장 공경하며 지장보살에게 묻기를,
"지장보살이시여, 이 염부제의 중생이 목숨을 마친 뒤에 그의 가족들이 죽은 이를 위하여 공덕을 닦거나 재를 베풀어 여러 가지 선한 일을 하게 되면 그 목숨을 마친 사람은 큰 이익을 얻고 해탈을 하게 됩니까?"

지장보살이 대답하기를,
"장자여, 내가 지금 현재와 미래의 모든 중생을 위하여 부처님의 위신력을 받아 간략히 말하겠습니다.
현재와 미래의 모든 중생들이 목숨을 마치게 될 때 한 부처님의 명호나 한 보살님, 한 벽지불의 명호만 들어도 죄가 있고 없고를 묻지 않고 모두 다 해탈을 얻게 됩니다.
만약 어떤 남자나 여인이 살아서 착한 공덕을 닦지 않고 도

리어 많은 죄를 지었을 때, 임종을 한 후에 그의 가깝고 먼 친척들이 이익이 되는 훌륭한 공덕을 짓게되면 칠분의 일만 죽은 사람이 얻게 되고 나머지 공덕은 산 사람에게 이익이 됩니다. 그러므로 현재와 미래의 선남자 선여인이 좋은 것을 듣고 스스로 닦으면 그 공덕의 전부를 얻을 수 있습니다.

자신도 모르게 업에 끌려 어둠 속을 떠도는 의식은 자신이 지은 죄와 쌓은 복을 분별하지 못하고 49일 동안 어리석은 듯 귀먹은 듯하다 염라대왕 앞에서 업을 변론하고 심판 받은 뒤에 업에 따라 태어나게 되니 생각지 못한 가운데 천만 가지 근심과 고통을 받게 되거늘 하물며 악취에 떨어짐이야 어떻겠습니까?

이 명을 마친 사람은 49일 동안 생각생각마다 혈육과 친척들이 복을 지어 자신을 구원해 주기만을 바라다가 49일이 지난 후에는 업에 따라 과보를 받게 되니 그가 만약 죄 많은 중생이라면 천백 년이 지나더라도 해탈할 날이 없을 것이며 만약 그가 다섯 무간지옥에 떨어질 큰 죄를 지어 무간지옥에 떨어지게 되면 천만억겁에 영원히 여러 가지 고통을 받게 됩니다.

제칠(第七)

또 장자여, 이와 같은 악업 중생이 목숨을 마친 뒤에 혈육과 친척이 그를 위하여 재를 지내 그의 업도를 도와주고자 하면 재식을 마치기 전이나 재를 지내는 동안에 쌀뜨물과 나물 다듬은 찌꺼기일지라도 함부로 땅에 버리지 말며, 모든 음식을 부처님 전에 올리기 전에는 먹지 말아야 합니다. 만약 이를 어기고 먼저 먹거나 정근치 못하면 목숨을 마친 사람이 복의 힘을 얻지 못할 것입니다.

만약 정근하고 청결하여 부처님과 스님들께 받들어 드리게 되면 이 명을 마친 사람은 칠분의 일의 공덕을 얻게 됩니다. 그러므로 장자여, 염부제 중생이 만약 그 부모와 권속을 위하여 목숨을 마친 뒤에 재를 베풀어서 공양하되 지극한 마음으로 부지런히 정성을 다하면 이와 같은 사람은 산 사람과 죽은 사람이 이익을 같이 얻을 것입니다."

이 말을 마치자 도리천궁에 모인 수많은 염부제의 영들이 일제히 무량한 깨달음의 마음을 일으켰고, 대변장자는 환희 속에 법을 받들고 합장 예배한 뒤 조용히 물러갔다.

제팔(第八) 염라왕중찬탄품

 그때 철위산 안에 있던 셀 수 없이 많은 귀왕들도 염라천자와 함께 도리천으로 와서 부처님 계신 곳에 모여들었다. 이른바 악독 귀왕, 다악 귀왕, 대쟁 귀왕, 백호 귀왕, 혈호 귀왕, 적호 귀왕, 산앙 귀왕, 비신 귀왕, 전광 귀왕, 낭아 귀왕, 천안 귀왕, 담수 귀왕, 부석 귀왕, 주모 귀왕, 주화 귀왕, 주복 귀왕, 주식 귀왕, 주재 귀왕, 주축 귀왕, 주금 귀왕, 주수 귀왕, 주매 귀왕, 주산 귀왕, 주명 귀왕, 주질 귀왕, 주험 귀왕, 삼목 귀왕, 사목 귀왕, 오목 귀왕, 기리 실왕, 대기리실 왕, 기리차 왕, 대기리차 왕, 아나타 왕, 대아나타 왕과 같은 대 귀왕들은 각각 백천이나 되는 작은 귀왕들을 거느리고 있었으며, 모두 염부제 세계에 머물며 제각기 맡은 영역과 머무는 처소를 지니고 있었다.

제팔(第八)

이 모든 귀왕들이 염라천자와 함께 부처님의 위신력과 지장보살의 원력에 힘입어 도리천에 이르러 한쪽에 정중히 서 있었다.

그때 염라천자가 합장하고 부처님께 여쭈었다.
"세존이시여, 저희는 지금 이 모든 귀왕들과 함께 부처님의 위신력과 지장보살 마하살의 큰 원력을 힘입어 이 도리천의 법회에 참석하게 되었으며, 그로 인해 저희는 큰 이익과 복을 얻게 되었습니다. 그런데 지금 저에게 한 가지 작은 의문이 있어 감히 세존께 여쭈오니 오직 자비를 베푸시어 그 뜻을 밝혀 주시기를 간절히 청하옵니다."

부처님께서 염라천자에게 말씀하시기를,
"묻고자 하는 바를 마음껏 물으라. 내가 그대를 위하여 자세히 답해 주겠다."
이때 염라천자가 부처님께 우러러 예배하고 지장보살을 둘러보며 부처님께 여쭙기를,
"세존이시여, 제가 생각하건대 지장보살께서는 지금도 여섯 갈래 생사 세계에 머무시며 수많은 방편으로 죄 짓고, 고

통받는 중생들을 제도하고 계십니다. 그러면서도 지치거나 물러섬 없이 대자비를 실천하고 계시니 참으로 불가사의한 신통력이라 하지 않을 수 없습니다.

그런데도 세존이시여, 많은 중생들이 잠시 죄업을 벗어나는 듯하다가도 오래 지나지 않아 다시 악도에 떨어지고 마옵니다.

지장보살께서 이미 이처럼 크고 놀라운 신통력을 지니셨음에도 어찌하여 중생들은 끝내 선한 길에 머물지 못하고, 영원한 해탈에 이르지 못하는 것입니까? 간절히 청하오니 세존께서 이 의문을 자비로 풀어 주옵소서."

부처님께서 염라천자에게 말씀하셨다.

"염부제 중생은 성품이 거칠고 고집이 세어 교화하기 어려우나 이 대보살은 백천 겁 동안 이러한 중생들을 하나하나 제도하여 해탈케 하였느니라. 하지만 그처럼 구제받은 죄인들조차 업의 힘이 깊고 무거우면 다시 악도에 떨어지게 되고, 그때마다 지장보살은 방편력으로 그들을 끌어내어 전생의 인연을 깨닫게 하느니라.

그러나 중생들은 오랜 세월 악한 습관에 물들어 있어 잠시 선한 길에 들어섰다가도 다시 악한 길로 빠지기 일쑤이니

제팔(第八)

이 보살은 쉬지 않고 오랜 겁을 지내며 그들을 제도해야 하느니라.
이를 비유하자면, 어떤 사람이 제 집을 잃고 방황하다가 험한 길에 들어섰는데 그 길에는 야차와 사자, 호랑이와 구렁이, 독사 같은 해로운 존재들이 가득하였느니라. 그 길을 막 들어선 사람은 곧 온갖 위험에 노출되게 되는데, 이때 선지식이 나타나 술법으로 모든 독과 해악을 막으며 타이르기를 '애닯구나, 어찌하여 이 길로 들어섰는가? 이 길은 목숨마저 위태롭다.' 이 말을 들은 사람은 스스로 잘못을 깨닫고 그 길에서 나가기를 구하고, 선지식은 그의 손을 잡고 인도하여 마침내 험한 길에서 벗어나게 하였느니라.
그리고 이르기를 '다시는 이 길로 들어서지 말라. 목숨을 잃을 수도 있느니라. 또한 앞으로 누군가가 이 길로 가려 한다면 반드시 말려서 화를 입지 않도록 하라.' 고 말하니
지장보살의 구제 또한 이와 같으니라. 대자비를 지닌 이 보살은 죄로인해 고통받는 중생을 악도에서 끌어내어 인간이나 천상에 태어나게 하며 묘한 즐거움을 누리게 하느니라.
그리하여 업보의 고통을 경험한 자들은 다시는 그 길에 들어가지 않게 되고, 그길로 들어서려는 다른 사람을 만나면

그 길로 들어가지 말도록 타이르는 것과 같으니라.

그러나 만약 그가 다시 그 길로 들어선다면 이는 아직 미혹에서 벗어나지 못한 것이며, 예전에 겪은 고통조차 잊은 까닭이라 목숨마저 잃을 수 있느니라.

이와 같이 악도에 다시 떨어지는 중생이 있을 때 지장보살이 방편으로 구제하여 천상이나 인간 세상에 태어나게 하더라도 그가 또다시 악한 길로 빠진다면 업이 무거운 자는 영원히 지옥에 머물러 해탈하기가 어려우니라."

그때에 악독귀왕이 합장하고 공경하며 부처님께 아뢰었다.

"세존이시여, 저희 귀왕들은 그 수가 헤아릴 수 없이 많습니다. 염부제에 머무르며 사람들에게 이익을 주기도 하고 해를 끼치기도 하나 이는 모두 저희들의 업보가 서로 다르기 때문입니다.

저희 권속들을 세상에 보내 살펴보게 하였더니 악한 일은 많고 선한 일은 드뭅니다. 그러나 사람이 사는 마을이나 성읍을 지나던 중 어떤 남자나 여인이 한 티끌만큼이라도 선한 마음을 내어 조그마한 향 한 자루나 꽃 한 송이를 부처님이나 보살님 상 앞에 올리거나 혹은 경전을 끝까지 독송

제팔(第八)

하며 한 글귀, 한 게송에 향을 사르며 공양한다면, 저희 귀왕들은 그 사람을 과거·현재·미래의 부처님처럼 존중히 예배하며, 각각 큰 힘이 있고 토지를 맡은 모든 신들로 하여금 그들을 호위하게 하여 사나운 횡액, 사나운 병, 뜻과 같지 않은 일들이 이 사람의 집 근처에서는 일어나지 않게 하겠사오니 하물며 그런 것이 그 집 안으로 들어가게 하겠나이까?"

부처님께서 귀왕을 칭찬하시기를,
"착하고 착하다. 그대들과 염라천자가 함께 이와 같이 선남자 선여인을 보호하니 나 또한 범왕과 제석에게 부탁하여 그대들을 지키고 돕게 하리라."

이 말씀을 마치실 때, 주명이라 불리는 귀왕이 부처님께 아뢰었다.
"세존이시여, 저는 본래 염부제 중생들의 수명을 맡아 그들의 태어남과 죽음을 관장하는 존재입니다.
저의 본래 서원은 중생들에게 큰 이익을 주고자 함이나 중생들 스스로 제 뜻을 알지 못하여 삶과 죽음에 평안을 얻지 못하옵니다.

그 이유는 염부제에서 아기가 처음 태어날 때 만약 착한 일을 행하여 그 집안을 이롭게 한다면 자연히 그 집의 토지신도 크게 기뻐하여 아기와 산모를 보호하고, 그 집안 전체가 큰 안락을 얻게 됩니다.

그러나 아이가 태어난 뒤에도 마땅히 조심하여 생명을 해치지 말아야 할진대 오히려 생선을 비롯한 온갖 생명을 잡아 산모에게 먹이고, 친지와 권속들이 모여 고기와 술을 즐기며, 노래하고 음악을 울리며 흥겹게 잔치를 벌입니다.

이런 행위는 오히려 아기와 산모가 함께 편안함을 얻지 못하게 합니다. 왜냐하면 아기가 태어나는 날 수많은 악귀와 이매망량 같은 잡귀들이 피 냄새와 비린내를 쫓아 모여들어 해롭게 하기 때문입니다.

이에 제가 미리 그 집의 토지신들에게 명하여 아기와 산모를 보호하게 하여 무사히 안락하도록 힘쓰고 있습니다. 그러나 이렇게 평안히 아이를 낳고도 오히려 복 짓는 일을 하지 않고, 도리어 생명을 죽이고 권속을 불러들여 잔치를 벌이니 이로 인해 스스로 죄를 짓고 그 과보를 받게 되어 자식과 어머니가 모두 탈이 나게 됩니다.

제팔(第八)

또한 염부제에서 중생이 목숨을 마칠 때, 그 사람이 선을 행했든 악을 저질렀든 가리지 않고 저는 그가 악도에 떨어지지 않도록 하겠다는 원을 세운 바 있습니다. 그렇다면 중생 스스로가 선근을 닦아 저를 도와 그 힘을 덜어준다면 어찌 다행스럽지 않겠습니까?

이 염부제에서는 설령 선한 일을 한 사람이라도 임종할 때가 되면, 백천이나 되는 악독한 귀신들이 그의 부모나 권속의 모습으로 변하여 다가와 죽은 이의 혼을 인도하는 척하며 결국은 악도에 떨어뜨리곤 합니다. 하물며 본래부터 악한 업을 지은 자들이야 말해 무엇하겠습니까?

세존이시여, 이와 같이 염부제의 남녀 중생들은 임종할 때가 되면 정신이 혼미하여 선악을 분별하지 못하고 눈으로 보는 것도 귀로 듣는 것도 명확하지 않사옵니다. 그러므로 그 권속들이 마땅히 정성을 다해 공양을 올리고 이 경전을 독송하며, 부처님과 보살님의 명호를 염송하여 좋은 인연을 지어 주어야 하옵니다. 그렇게 한다면 망자는 모든 악도에서 벗어날 수 있고 그 곁에 머물던 어지러운 기운과 해로운 존재들도 모두 물러가 흩어질 것입니다.

세존이시여, 만일 중생이 임종할 때 한 부처님의 이름이나 한 보살님의 이름이라도 들을 수 있거나, 대승경전의 한 구절, 한 게송이라도 귀에 담을 수 있다면, 저는 다섯 무간지옥에 떨어질 중대한 살생죄만은 제외하고 그 외의 모든 소소한 악업으로 인해 악도에 떨어질 자들을 모두 해탈케 하리라 서원하옵니다."

부처님께서 주명귀왕에게 이르셨다.
"그대가 큰 자비심으로 깊은 서원을 세워 생사의 갈림길마다 중생들을 보호하고 있구나. 훗날 세상에서 누군가 태어나거나 죽게 될 때에도 그대는 이 원력을 결코 저버리지 말고 반드시 그들을 해탈에 이르게 하여 영원히 편안함을 얻게 하여라."

이에 주명귀왕이 부처님께 아뢰었다.
"세존이시여, 원컨대 염려하지 마옵소서. 저는 이 몸이 다하는 날까지 생각마다 염부제의 중생들을 지켜 나고 죽는 그 순간마다 함께하며 안락을 얻게 하겠나이다. 바라옵건대 모든 중생들이 나고 죽는 그 경계에서 제 말을 믿고 받아들여 모두 해탈하여 크나큰 이익을 얻게 되기를 원하옵니다."

제팔(第八)

그때 부처님께서 지장보살에게 말씀하셨다.

"이 목숨을 맡은 주명귀왕은 과거에도 백천 생애를 거치며 늘 대귀왕의 모습으로 태어나 생사의 고통 속에 있는 중생들을 보호해 왔느니라. 이는 그가 자비로운 원력으로 보살의 몸을 숨기고 귀왕의 모습으로 나타난 것이지 실제로는 귀왕이 아니니라. 앞으로 일백칠십 겁이 지나면 그는 반드시 성불할 것이며, 그 이름은 '무상여래'라 할 것이고, 그때의 겁 이름은 '안락', 세계의 이름은 '정주'라 하리라. 그 부처님의 수명은 헤아릴 수 없이 길 것이니라.

지장보살이여, 이 대귀왕의 원력은 실로 불가사의하며 그가 제도하는 인간과 천상의 존재들 또한 그 수를 셀 수 없을 정도로 많으니라."

제구(第九) 칭불명호품

그때 지장보살 마하살이 부처님께 여쭈었다.
"세존이시여, 제가 지금 미래세의 중생들을 위해 이익이 되는 방편을 말씀드려 나고 죽는 고통의 바다에서 벗어나도록 돕고자 하오니 부디 세존께서 허락해 주시기를 바랍니다."

이에 부처님께서 지장보살에게 말씀하셨다.
"그대가 자비심을 일으켜 죄짓고 고통받는 육도 중생들을 구제하려 하며 불가사의한 가르침을 말하려 하니 바로 지금이 그때이니라. 그러니 어서 말하라. 나는 곧 열반에 들 것이니 그대의 서원이 일찍 이루어진다면 나 역시 현재와 미래의 모든 중생들에 대해 더 이상 걱정하지 않아도 될 것이니라."

제구(第九)

지장보살이 부처님께 사뢰었다.

"세존이시여, 아득한 과거의 한량없는 아승지겁 전에 세상에 출현하신 부처님이 계셨는데 그분의 명호는 '무변신여래'이셨습니다.

만약 어떤 남자나 여인이 이 부처님의 이름을 듣고 잠시라도 공경심을 일으킨다면 곧바로 사십 겁 동안 생사윤회 속에서 지은 무거운 죄업을 벗어나게 됩니다. 하물며 부처님의 형상을 조성하거나 그려서 모시고 공양하며 찬탄하기까지 한다면, 그 사람이 얻게 될 공덕은 말로 다할 수 없이 크고 끝이 없을 것입니다.

또한 항하사 겁이라는 아득한 옛날에도 부처님이 출현하셨는데 그분의 명호는 '보승여래'이셨습니다. 이 부처님의 이름을 듣고 손가락을 한번 튕길 만큼 짧은 순간이라도 발심하여 귀의하게 된다면, 이 사람은 위없는 진리의 길에서 오랫동안 물러서지 않을 것입니다.

또 먼 옛날, 다른 부처님께서 세상에 출현하셨으니 그분의 이름은 '파두마승여래'이셨습니다. 어떤 남자나 여인이 이 부처님의 명호를 듣고 그 소리를 귀 가까이에 두기만 해도 마땅히 여섯 욕계 하늘 가운데 천 번이나 태어나게 될 것이니, 하물며 지극한 마음으로 그 이름을 외우고 생각한다면 그 복덕이 얼마나 클지 말할 필요도 없을 것입니다.

또 아득한 과거, 말로 다할 수 없는 아승지겁 전에 세상에 출현하신 부처님이 계셨는데, 그분의 명호는 '사자후여래'이셨습니다. 만약 어떤 남자나 여인이 이 부처님의 이름을 듣고 일념으로 귀의한다면, 그 사람은 무량한 모든 부처님을 친견하게 되고, 머리에 손을 얹는 마정수기를 받을 것입니다.

또 먼 과거에 출현하신 부처님의 명호는 '구류손불'이셨습니다. 이 부처님의 이름을 듣고 지극한 마음으로 우러러 예배하거나 찬탄하는 사람은 저 현겁에 출현하실 천 분의 부처님이 모인 회중 가운데서 대범왕의 지위를 얻고, 거기서 다시 수기를 받게 될 것입니다.

또한 과거에 세상에 출현하신 '비바시불'이라는 부처님도 계셨습니다. 어떤 남자나 여인이 이 부처님의 명호를 듣게 된다면, 그 사람은 오랫동안 악도에 떨어지지 않고 항상 인간이나 천상에 태어나 뛰어난 기쁨과 복락을 누리게 될 것입니다.

또 아득한 과거, 셀 수 없이 많은 항하사의 겁 전에 세상에

제구(第九)

출현하신 부처님의 명호는 '다보여래'이셨습니다. 어떤 남자나 여인이 이 부처님의 이름을 듣기만 해도 결코 악도에 떨어지지 않고 항상 천상에 머물며 청정하고 뛰어난 즐거움을 누리게 될 것입니다.
또 과거에 세상에 출현하신 부처님의 명호는 '보상여래'이셨습니다. 이 부처님의 이름을 듣고 마음속에 공경심을 낸다면, 그 사람은 곧 아라한의 경지에 이르게 될 것입니다.
또 헤아릴 수 없이 오랜 아승지겁 전에 출현하신 부처님의 명호는 '가사당여래'이셨습니다. 이 부처님의 이름을 듣는다면, 그 사람은 백 겁 동안 지은 무거운 죄업에서 벗어나게 될 것입니다.
또 과거에 세상에 출현하신 부처님의 명호는 '대통산왕여래'이셨습니다. 이 부처님의 이름을 들은 남자나 여인은 항하의 모래알처럼 많은 부처님들을 만나게 되고, 그분들의 설법을 들으며 반드시 깨달음의 길을 이루게 될 것입니다.
또 과거에 정월불, 산왕불, 지승불, 정명왕불, 지성취불, 무상불, 묘성불, 만월불, 월면불 등 말로는 다 헤아릴 수 없는 수많은 부처님들이 세상에 출현하셨습니다.
세존이시여, 현재와 미래의 모든 중생들, 하늘과 인간, 남자와 여인이 단지 한 부처님의 이름만 마음에 지녀도 그 공덕이 한량없을진대, 하물며 여러 부처님의 이름을 지극한 마음으로 부르고 생각한다면 그 복덕은 어떠하겠습니까? 이 중생들은 태어날 때나 목숨을 마칠 때나 스스로 큰 이익을 얻게 되어 마침내는 악도에 떨어지지 않게 될 것입니다. 만약 임종을 맞이한 이를 위해 가족 중 한 사람이라도 높은 소리로 한 부처님의 이름을 불러준다면, 그 사람은 다섯 무간지옥에 떨어질 정도의 무거운 죄만 제외하고 나머지 모든 업보는 다 사라지게 됩니다.

이 무간지옥의 죄란 지극히 무거운 것이라 억겁을 지나도 벗어나기 어려운 것이지만 누군가가 임종 시점에 그를 대신하여 부처님의 명호를 불러준다면 그 무거운 죄조차 점차 사라지기 시작합니다.

그렇다면 중생이 스스로 부처님을 부르고 그 이름을 마음에 새긴다면 어떻겠습니까? 그 복덕은 헤아릴 수 없이 클 것이며 지은 죄도 한량없이 소멸될 것입니다."

제십(第十)

제십(第十) 교량보시공덕품

그때 지장보살 마하살은 부처님의 위신력을 입어 자리에서 일어나 무릎을 꿇고 앉아 합장하고 부처님께 여쭈었다.
"세존이시여, 제가 업의 길에 놓여 있는 중생들이 지은 보시공덕을 살펴보니 어떤 이들은 가볍고 어떤 이들은 무거운 업을 지어 일생 또는 열 생 동안만 복을 짓는 이가 있는가 하면, 백 생이나 천 생 동안 큰 복을 닦는 이도 있습니다. 이처럼 복의 깊이와 길이가 서로 다른 까닭은 어디에 있는 것입니까? 바라옵건대 세존께서 자비로이 저를 위해 그 이치를 설해 주시옵소서."

부처님께서 지장보살에게 말씀하셨다.
"지금 도리천궁에 모인 모든 대중 앞에서 염부제에서 행한 보시의 공덕이 왜 어떤 이는 가볍고 어떤 이는 무거운지를 비교하여 설명하려 하니 그대는 잘 듣도록 하여라. 내가 그대를 위해 자세히 설하겠다."

그러자 지장보살이 부처님께 아뢰었다.

"세존이시여, 제가 이에 대해 깊이 궁금하오니 기꺼이 듣고 배우고자 합니다."

부처님께서 다시 지장보살에게 말씀하셨다.

"염부제에는 여러 국왕과 재상, 대신, 바라문, 부유한 장자, 찰제리 등이 있는데 이들이 매우 가난한 사람이나 벙어리, 귀머거리, 장님 등 여러 장애인을 만나 그들에게 보시하고자 할 때, 대자비심을 지니고 겸손한 마음으로 웃음을 머금으며 직접 손수 보시하거나 혹은 다른 이를 시켜 부드러운 말로 위로하며 보시한다면, 그 복과 공덕은 백 항하강의 모래알만큼 많은 부처님께 보시한 것과 같으니라.

이는 높은 지위에 있는 자들이 가장 비천한 존재들에게 진심 어린 자비심을 일으켰기 때문이니 이들이 얻는 복과 이익은 백천 생 동안 칠보의 복을 누릴 것이며 어찌 의식주에 부족함이 있겠느냐.

지장보살이여, 미래세에 국왕에서 바라문에 이르기까지 부처님의 탑이나 형상 또는 보살이나 성문, 벽지불 등의 존상을 보고 기쁜 마음으로 직접 공양을 준비하여 보시한다면, 이들은 세 겁 동안 제석천왕의 몸을 받아 하늘의 지극한 기

제십(第十)

쁨을 누릴 것이며, 만약 그 공덕을 법계에 회향한다면 열 겁 동안 대범천왕의 몸을 받아 세상을 널리 이롭게 할 것이니라. 또한 지장보살이여, 만약 미래세의 국왕이나 바라문 등이 낡고 훼손된 옛 부처님의 탑묘나 경전, 불상을 보고 보수하고자 하는 마음을 내어 자신이 힘써 직접 수리하거나 다른 이들에게 권하여 수많은 사람들과 보시의 인연을 맺게 한다면, 이 국왕은 백천 생 동안 전륜성왕의 몸을 받아 큰 나라를 다스리게 될 것이며, 함께 보시한 이들은 모두 백천 생 동안 작은 나라의 왕이 되리라.

나아가 그들이 탑묘 앞에서 회향하는 마음까지 낸다면 마침내 모두가 불도를 이루게 될 것이니 그 과보는 참으로 한량없고 끝이 없느니라.

또 지장보살이여, 미래세에 국왕이나 바라문이 늙고 병든 이들이나 해산하려는 여인을 보고 단 한순간이라도 자비심을 일으켜 약이나 음식, 침구 등으로 편안하게 도와준다면, 이로 인해 얻게 되는 복덕과 공덕은 헤아릴 수 없이 커서 다 말할 수 없느니라. 이들은 백 겁 동안 항상 청정한 성자들이 거주하는 하늘의 주인이 될 것이고, 이백 겁 동안 육욕천의 왕이 될 것이며, 오랜 세월 동안 악도에 떨어지지 않고, 백천 생 동안 괴로운 소리조차 듣지 않게 될 것이며, 결국에는 마침내 성불하게 되리라.

또 지장보살이여, 미래세의 국왕이나 바라문이 위와 같은 보시행을 실천한다면 그 복덕은 헤아릴 수 없을 정도로 많으며 다시 그 공덕을 법계에 회향한다면, 비록 그 보시가 많고 적음을 막론하고 반드시 성불할 것이니라. 하물며 제석천왕이나 범천왕, 전륜성왕의 과보를 받지 않겠는가?

그러므로 지장보살이여, 그대는 널리 모든 중생에게 이러한 보시의 가르침을 전하고 마땅히 스스로도 실천하게 하라.

또 지장보살이여, 미래세에 선남자 선여인이 불법 가운데서 비록 티끌만큼 작고 털끝만큼 적은 선근을 심는다 하여도 그로 인해 받게 되는 복과 이익은 어떤 것으로도 비유할 수 없을 만큼 클 것이니라.

또 지장보살이여, 미래세에 선남자 선여인이 부처님의 형상이나 보살, 벽지불, 전륜성왕과 같은 존귀한 상을 만나 보시하고 공양한다면 한량없는 복을 얻게 되며, 항상 사람이나 하늘에 태어나 뛰어난 안락을 누릴 것이다. 만일 그 공덕을 법계에 회향한다면, 그 복과 이익은 어떤 것으로도 비유할 수 없을 만큼 크리라.

또 지장보살이여, 미래세에 선남자나 선여인이 대승경전의 한 게송이나 한 구절이라도 듣고 소중히 여기며 찬탄하

제십(第十)

고 공경하여 보시하고 공양한다면 이 사람은 끝이 없는 큰 복을 얻게 되며, 그 공덕을 법계에 회향하면 그 복은 이루 다 헤아릴 수 없느니라.

또 지장보살이여, 미래세에 선남자 선여인이 새로 세운 탑이나 대승경전을 만나 공양하고 보시하며, 예배하고 찬탄하고 공경하고 합장하거나, 오래되어 허물어진 것을 보고 보수하고 관리하며, 스스로 마음을 내어 실천하거나 다른 이들에게 권하여 함께 마음을 내게 한다면, 이러한 사람들은 삼십 생 동안 늘 작은 나라의 왕이 될 것이며, 그들에게 보시의 인연을 맺어준 이는 전륜성왕이 되어 좋은 가르침으로 여러 작은 나라의 왕들을 교화하게 될 것이다.

또 지장보살이여, 미래세에 선남자 선여인이 불법 안에서 보시하고 공양하거나, 탑이나 절을 보수하고 경전을 소중히 간직하여 선근을 심되, 그 공덕을 티끌 하나, 털끝 하나, 모래 한 알, 물 한 방울만큼이라도 법계에 회향하면 이 사람은 백천 생 동안 지극한 즐거움을 누리게 될 것이다. 그러나 만일 그 공덕을 오직 자기 집안이나 가족을 위해서만 회향하거나 자신의 이익만을 위해 회향한다면, 그 과보는 겨우 삼생 동안만 즐거움을 누리게 될 것이니 이는 만 가지 중 하나를 얻는 데에 불과하리라.

지장보살이여, 보시 인연의 공덕은 이와 같으니라."

제십일(第十一) 지신호법품

그때 견뢰지신이 부처님께 여쭈었다.

"세존이시여, 저는 오랜 세월 동안 한량없는 보살마하살을 우러러 뵙고 예배해 왔습니다. 모든 보살마하살께서는 헤아릴 수 없는 신통력과 지혜로 널리 중생을 제도하시지만, 이 지장보살 마하살의 서원은 그 누구보다도 깊고 간절합니다. 세존이시여, 지장보살께서는 특히 염부제 중생들과 깊은 인연을 맺고 계십니다.

문수·보현·관음·미륵보살도 백천의 몸을 나투어 육도 중생을 제도하시지만, 그 원은 언젠가 다함이 있습니다.

하지만 지장보살께서는 육도 모든 중생을 교화하기를 서원하셨고, 그 발원하신 겁 수는 천백억 항하사 모래알보다도 많습니다.

세존이시여, 제가 살펴보건대 현재와 미래의 중생이 머무

제십일(第十一)

는 곳에서 남쪽을 향해 정결한 땅을 정하고 흙이나 돌, 나무 등으로 작은 감실을 짓고, 그 안에 지장보살의 형상을 만들거나 그리며 혹은 금·은·동·철 등으로 조성하고 향을 피워 공양하며 공경심으로 예배하고 찬탄한다면, 이 사람은 곧바로 다음의 열 가지 이익을 얻게 될 것입니다.
첫째, 토지에 풍년이 들 것이며
둘째, 집안이 늘 평안할 것이며
셋째, 돌아가신 조상이나 가족들이 천상에 태어나고
넷째, 살아 있는 가족들이 오래 생존하며
다섯째, 바라는 일이 순조롭게 이루어지고
여섯째, 물이나 불로 인한 재앙이 없으며
일곱째, 재물이 헛되이 새는 일이 없고
여덟째, 나쁜 꿈이나 두려움이 사라지며
아홉째, 외출하거나 귀가할 때 신중의 보호를 받으며
열째, 좋은 인연과 사람들을 많이 만나게 될 것입니다.
세존이시여, 미래세 중생들이나 지금의 중생들이 이와 같이 정성을 다해 공양을 올린다면 반드시 이와 같은 복과 이익을 얻게 될 것입니다."
견뢰지신이 다시 부처님께 여쭈었다.
"세존이시여, 먼 훗날 어떤 선남자 선여인이 살고 있는 곳에서 이 경전과 지장보살님의 형상을 보고 이 경전을 읽고 외우며 보살님께 공양을 올린다면, 제가 밤낮으로 그 사람을 지키겠습니다. 제 신통력으로 불이나 물, 도적, 크고 작은 재앙 등 모든 나쁜 일들을 막아내겠습니다."

그러자 부처님께서 견뢰지신에게 말씀하셨다.
"견뢰지신이여, 그대의 신통력은 실로 크고 위대하여 다른 모든 신들도 미치지 못하느니라. 왜냐하면 그대는 이 염부제의 온 대지를 지키고 있기 때문이다. 풀과 나무, 모래와 돌, 벼와 삼, 대나무와 갈대, 곡식과 쌀, 보배 등 땅에서 나는 모든 것들이 다 그대의 힘을 입고 자라는 것이니라.
더구나 그대가 지장보살에게 공양하는 공덕을 이처럼 찬탄하니 그대의 공덕과 신통력은 다른 지신들보다 수백 수천 배나 뛰어나도다.
미래세에 어떤 선남자 선여인이 지장보살에게 공양하고 이 경전을 독송하며, 「지장보살본원경」에 의지하여 단 한 가지라도 실천한다면, 그대는 그대의 위신력으로 이 사람을 보호하라. 그러면 재앙이나 근심거리는 그 사람의 귓가에도 스쳐가지 못할 것이다.

제십일(第十一)

하물며 어찌 해를 입게 되겠는가?

그뿐만이 아니다. 그대 혼자서만이 아니라 제석천(인간계의 수호신)과 범천(하늘 세계의 주재자) 및 그 권속들까지도 함께 이 사람을 보호할 것이다.

왜 이처럼 많은 성스러운 존재들이 그를 지켜주는가 하면, 그가 지장보살의 형상을 정성스럽게 예배하고, 이 「지장보살본원경」을 마음 다해 독송했기 때문이니라.

이로써 그 사람은 고통의 바다를 건너 결국에는 열반의 평안을 얻게 될 것이며, 그러한 인연으로 큰 보호를 받게 되는 것이니라."

제십이(第十二) 견문이익품

그때 부처님께서 정수리와 미간 사이, 백호상에서 수없이 많은 광명이 뿜어져 나왔다.

그 빛은 백호상광, 대백호상광, 서호상광, 대서호상광, 옥호상광, 대옥호상광 자호상광, 대자호상광, 청호상광, 대청호상광, 벽호상광 대벽호상광, 홍호상광 대홍호상광, 녹호상광, 대녹호상광, 금호상광, 대금호상광, 경운호상광, 대경운호상광, 천륜호광 대천륜호광, 보륜호광, 대보륜호광, 일륜호광, 대일륜호광, 월륜호광, 대월륜호광, 궁전호광, 대궁전호광, 해운호광, 대해운호광들이 부처님의 이마 위에서 찬란히 펼쳐졌다.

이러한 숭고한 광명을 놓으신 뒤, 부처님께서는 깊고도 미묘한 음성으로 사방에 모인 대중에게 말씀하셨다.

"나는 오늘 도리천궁에서 지장보살이 인간 세상과 천상 세

제십이(第十二)

계에 베푸는 불가사의한 공덕과 이로운 행을 찬탄하고자 한다. 이는 단순한 복덕의 자리를 넘어 성스러운 인연을 넘어서는 위대한 행이며, 보살이 십지의 경지를 깨닫고도 아뇩다라삼먁삼보리로부터 물러서지 않는 굳센 원력의 증명이기도 하니라."

부처님께서 이 말씀을 마치자 관세음보살 마하살이 자리에서 일어나 합장한 뒤 부처님께 여쭈었다.
"세존이시여, 지장보살 마하살께서는 큰 자비심으로 죄와 고통 속에 빠진 중생들을 가엾이 여기시어 수없이 많은 세계에서 수없이 많은 몸으로 나타나 중생을 구제하십니다. 저는 이미 그분의 공덕과 헤아릴 수 없는 위신력을 들은 바 있습니다.
시방세계의 무수한 부처님들께서도 모두 한마음으로 지장보살님을 찬탄하시는 것을 들었습니다. 과거, 현재, 미래의 모든 부처님께서 아무리 말씀하셔도 그 공덕을 다 설명할 수 없다고 하셨습니다.
세존이시여, 저는 세존께서 지장보살께서 베푸시는 이익과 자비를 거듭 칭찬하시는 것도 들었습니다.

바라건대, 지금 이 자리에서뿐만 아니라 미래의 모든 중생들을 위하여 지장보살의 헤아릴 수 없는 공덕을 더 널리 밝혀주시옵소서. 그렇게 하신다면 천룡, 팔부신중들이 모두 우러러 예배하고 큰 복을 얻게 될 것입니다."

이에 부처님께서 관세음보살에게 말씀하셨다.
"그대는 사바세계와 깊은 인연을 맺고 있느니라. 하늘 사람이거나 사람 이거나 사람 아닌 존재이거나 죄를 지어 육도를 윤회하는 모든 중생들이 그대의 이름을 듣거나 얼굴을 보기만 해도 혹은 사모하고 찬탄하기만 해도 무상의 깨달음에 들어가 물러남 없이 나아가게 되며, 인간이나 천상에 태어나 승묘한 즐거움을 누리게 될 것이며, 인연과 과보가 점차 익어 마침내는 부처님의 인가와 수기를 받게 되리라.
그대는 크고도 깊은 자비로 지장보살이 인간과 천상 세계에 베푸는 헤아릴 수 없는 이익에 대해 듣고자 하였으니 이제 그대는 잘 들으라. 내가 지금 그대를 위하여 지장보살의 불가사의한 행을 말해 주겠노라."

관세음보살이 부처님께 아뢰었다.
"예. 세존이시여, 원하옵건대 마음 깊이 새겨 듣겠습니다."

제십이(第十二)

그러자 부처님께서 관세음보살에게 다시 말씀하셨다.

"관세음보살이여, 지금 이 순간에도 그리고 미래의 모든 세계에서도 천상에 태어난 존재들은 복이 다하면 다섯 가지 쇠퇴의 징조가 나타나며 때로는 악도에 떨어질 수도 있느니라.

하지만 이러한 천상의 존재가 쇠퇴의 징조가 나타날 때, 단 한 번이라도 지장보살의 형상을 보거나 그 이름을 듣고 단 한 번 예배하기만 해도 그 천상복이 다시 더해지고 커다란 기쁨을 얻게 되며, 오랫동안 지옥·아귀·축생의 삼악도에 떨어지는 과보를 받지 않게 되느니라.

하물며 그들이 지장보살의 이름을 반복하여 부르고 향과 꽃, 옷과 음식, 보배 등을 바치며 정성껏 공양한다면 그 공덕은 어찌 이루 말할 수 있겠는가. 그들이 얻게 되는 복과 이익은 끝이 없고 헤아릴 수 없느니라.

또한 관세음보살이여, 만약 육도의 모든 중생이 죽음을 앞두고 있을 때, 그 귀에 단 한 번이라도 지장보살의 명호를 스쳐 지나가게 한다면 그 사람은 다시는 지옥·아귀·축생의 고통을 받지 않을 것이다.

하물며 그 사람의 가족이나 친지들이 목숨을 다한 이의 집이나 재물을 써서 지장보살의 형상을 조성하고, 그림을 그려서 임종자가 눈으로 그것을 볼 수 있도록 한다면 어떻겠는가?

또 병든 사람이 아직 목숨이 다하지 않았을 때, 가족들이 그를 위해 지장보살의 형상을 정성껏 조성하거나 그림을 그려 보여주고 지장보살의 이름을 들려준다면, 비록 그가 무거운 업보로 병들었더라도 이 공덕으로 병이 나아지고 수명이 연장되어 오래 살게 될 것이며, 만일 업보로 인해 죽을 운명에 놓였고 죄업으로 악한 세계에 떨어질 처지였다 하더라도 이 공덕의 힘으로 모든 죄업이 소멸되고, 죽은 뒤 곧바로 인간이나 천상에 태어나게 되어 그곳에서 크고도 오묘한 즐거움을 누리게 될 것이다."

또 다시 부처님께서 말씀하셨다.
"관세음보살이여, 먼 훗날 어떤 남자나 여인이 젖먹이 때이거나 두세 살부터 열 살이 되기 전에 부모나 형제자매를 잃게 되었을 경우, 이들은 자라면서도 종종 이렇게 생각하곤 하느니라. '내 가족은 지금 어디에 있을까? 혹시 지옥이나 악한 세계에 떨어진 건 아닐까? 아니면 어디 좋은 천상세계에 태어났을까?' 하지만 아무리 궁금해해도 알 길이 없으니 마음속 그리움만 깊어질 따름이니라.

제십이(第十二)

그런데 만약 이 사람이 지장보살의 형상을 조성하거나 그림으로 그리거나 또는 지장보살의 이름을 들은 뒤 단 한 번이라도 예배하고 하루에서 이레(7일) 동안 처음 품은 그 마음을 지키며 지장보살의 명호를 외우고 형상을 바라보며 정성껏 공양한다면 설령 그 가족이 지은 업력으로 인해 악도에 떨어져 여러 겁의 세월을 거쳐야 할 존재라 하더라도, 이 사람이 일으킨 그 지극한 공덕으로 말미암아 곧 해탈을 얻어 인간 세상이나 천상세계에 태어나 큰 기쁨과 편안함을 얻게 되리라.

만약 그 가족이 이미 복력이 있어 인간이나 천상에 태어나 즐거운 삶을 누리고 있다면 이 공덕으로 인해 더욱더 복된 인연을 얻고 그 기쁨은 한이 없게 되리라.

더 나아가 이 사람이 21일 동안 지극한 마음으로 지장보살의 형상을 예배하고 보살의 이름을 생각하며 염송해 만 번을 채운다면, 지장보살께서는 가없는 몸으로 이 사람 앞에 나타나 가족이 어디에 있는지를 알려 주거나 혹은 꿈속에 나타나 커다란 신통력으로 직접 이끌고 여러 세계를 다니며 잃어버린 가족들을 보여 주실 것이니라."

부처님께서 계속 말씀하셨다.

"관세음보살이여, 만약 어떤 사람이 날마다 지장보살의 이름을 천 번씩 마음에 새기고 부르기를 천 일 동안 이어간다면 지장보살이 토지신을 보내어 그 사람이 생을 마칠 때까지 지켜줄 것이며, 그 사람은 현세에서 의식이 넉넉하고 병이 없으며 어떤 재앙도 그 집 문턱을 넘지 못하게 될 것이다. 하물며 그의 몸에 해가 닿을 수 있겠는가.

결국에는 보살이 직접 이마를 어루만지며 장차 깨달음을 이룰 것이라 수기해 줄 것이다.

관세음보살이여, 미래세에 선한 남자나 여인이 큰 자비심을 품고 모든 중생을 구제하고자 하거나, 위없는 깨달음을 이루고자 발심하거나, 삼계의 고통을 여의고자 한다면 지장보살의 형상을 보거나 이름을 듣고 지극한 마음으로 귀의하며 향과 꽃, 의복과 보배, 음식을 공양하고 예배한다면 그들이 바라는 모든 일이 빠르게 이루어지고 오랫동안 장애가 없을 것이다.

또한, 미래세의 선남자 선여인이 현재와 미래에 백천만억 가지의 소원을 이루고자 한다면 마땅히 지장보살의 형상 앞에서 귀의하고 예배하며 공양하고 찬탄하거라. 그러면 그 모든 바람은 성취될 것이며, 지장보살의 큰 자비로 오래도

제십이(第十二)

록 그 사람을 보호해 줄 것이니 만약 그가 보살의 가피를 원한다면 꿈속에서도 지장보살이 나타나 직접 이마를 어루만지며 마정수기를 내려줄 것이다.

관세음보살이여, 만약 미래세에 선남자 선여인이 대승경전을 소중히 여기고 불가사의한 믿음을 품어 경전을 외우고자 함에있어 설령 밝은 스승을 만나 배워 익숙해지더라도 곧 읽고 곧 잊어버려 몇 달, 몇 해가 지나도록 외우지 못한다면 그것은 이 선남자나 선여인이 전생의 업장을 아직 소멸하지 못하여 대승경전을 독송할 바탕이 마련되지 않았기 때문이니라.

이와 같은 사람이 지장보살의 명호를 듣고 그 형상을 보며 일심으로 공경하며 그 사정을 아뢰고 향과 꽃, 의복과 음식, 여러 가지 장엄한 공양물을 지장보살께 바치며, 맑은 물 한 잔을 하루 낮과 밤 동안 지장보살 앞에 정성껏 올려두었다가 합장하고 마시기를 청한 뒤 남쪽을 향해 머리를 두고 지극한 마음으로 정중하게 그 물을 마신다면 그리고 이후 7일 혹은 21일 동안 오신채와 술을 끊고, 음행과 거짓말, 살생을 삼가면 이 선남자나 선여인은 꿈속에서 지장보살이 무한한 몸으로 나타나 그가 머무는 곳에 이르러 이마에 물을 부어줄 것이며, 꿈에서 깨어난 뒤에는 총명함을 얻게 되어 경전을 읽으면 한번 귓가를 스치기만 해도 바로 기억하게 되고 한 구절 한 게송도 오래도록 잊지 않게 되리라.

다시 관세음보살이여, 만약 미래세에 어떤 사람이 옷과 음식이 부족하여 구해도 마음대로 되지 않거나 병이 많고 흉사가 많아 집안이 불안하고 가족이 흩어지며, 재앙으로 인해 몸이 괴롭고 잠들었을 때에도 무서운 꿈으로 자주 놀란다면, 이 사람은 지장보살의 이름을 듣거나 형상을 보고 지극한 마음으로 공경하여 생각하며 불러서 만 번을 채운다면, 이 모든 좋지 않은 일들이 점차 사라지고 평안과 즐거움을 얻게 되며, 의식이 넉넉해지고 잠잘 때조차도 편안하고 복된 꿈을 꾸게 될 것이다.

관세음보살이여, 만일 미래세에 어떤 선남자 선여인이 삶의 어려움이나 공적인 일, 사적인 일, 혹은 죽음과 관련된 일들 또는 급한 사정으로 인해 험한 길을 지나가게 될 때, 만약 이 사람이 미리 지장보살의 이름을 만 번 염하고 부른다면, 그가 머무는 곳마다 토지신이 나타나 그를 보호하고, 오고 가고 앉고 눕는 모든 일이 늘 평안하고 안전할 것이며, 설령 독하고 해로운 것을 만나더라도 결코 해를 입지 않게

제십이(第十二)

될 것이다."
 부처님께서 관세음보살에게 다시 말씀하셨다.
"이 지장보살은 염부제 세계에 매우 깊은 인연이 있으니, 모든 중생들이 보살의 형상을 보기만 해도, 이름을 듣기만 해도, 그들이 얻게 되는 공덕과 이익은 백천겁을 말해도 다 전할 수 없을 만큼 크다. 그러므로 관세음보살이여, 그대의 위신력으로 이 경전을 널리 펴서 사바세계의 모든 중생들이 백천만겁 동안 끝없는 평안과 행복을 얻게 하라."

그때 세존께서 게송으로 그 가르침을 다시 전하셨다.

내가 지장보살의 위신력을 관하니
한량없는 세월 동안 말하려 해도 다 말할 수 없네.
잠깐이라도 보고 듣고 우러러 예배하면
인간, 천상 이익됨이 한량없네.
어떤 중생이든
복이 다해 악도에 떨어질지라도
지극한 마음으로 지장보살에게 귀의하면
수명이 연장되고 죄장이 소멸되리.

어떤 사람이 일찍이 부모형제 여의고
그 혼백이 어디에 있는지 알지 못하거든
지장보살의 형상을 그리거나 조성하여
지극정성 기울이기를 잠시도 쉬지 아니하고
21일 동안 그 명호를 부르면
지장보살이 가없는 몸을 나타내어
그들의 친속이 태어난 세계를 보여 주고
비록 악도에 떨어졌더라도 곧 구제하느니라.
만약 이 초심에서 물러나지 않는다면
지장보살이 그 사람의 머리를 쓰다듬으며
성스러운 수기를 주리라.

어떤 사람이 위없는 깨달음을 닦고자 하거나
삼계의 고통에서 벗어나고자 한다면
이미 큰 자비심을 발한 사람이니
마땅히 보살의 상을 우러러 첨례하면
모든 소원이 빠르게 이루어지고
모든 업장이 모두 사라지리라.

제십이(第十二)

또 어떤 사람이 발심하여 경전을 외우고
미혹한 중생을 건져 피안에 이르게 하려 하나
비록 그 원이 불가사의하다 해도
읽는 즉시 잊어버리고 자주 그르치는 것은
이 사람의 업장이 장애되어
대승 경전을 기억하지 못하기 때문이다.
이런 경우 향과 꽃, 옷과 음식, 여러 가지 공양구로
지장보살을 공양하고
맑은 물을 지장보살님전에 두고
하루낮과 하루밤을 지낸 뒤에 마시며 구하기를
간절한 마음으로 오신채·술·고기·사음·거짓말을 삼가고
21일 동안 살생을 하지 않고
지극한 마음으로 보살의 이름을 염하면
꿈속에서 곧 무량한 모습을 보게 되리라.
꿈속에서 깨어나면 눈과 귀가 모두 밝아져서
대승경전 가르침이 귀전만 스쳐도
천만 생이 지나도 결코 잊지 않으리라.
이 모두가 지장보살의 불가사의한 힘이어서

그 사람으로 하여금 이런 지혜를 얻게 하는 것이다.

어떤 사람이 가난하고 병들었거나
집안이 쇠하고 가족이 흩어지며
꿈속에서도 편안함이 없고
원하는 일이 어긋나고 이루어지지 않을때
지극한 마음으로 지장보살 상을 예배하면
모든 나쁜 일이 사라지고
꿈속에서도 안락을 얻게 되며
의식이 넉넉하고 착한 신이 보호하리라.

어떤 사람이 험한 산과 험한 바다를 건너려 할 때
독한 짐승과 악한 사람
악한 신이 여러 가지 해로움으로
온갖 고난과 고통을 줄지라도
지상보살의 존상 앞에 예배하고 공양하면
그 산림과 바다에 가득하던 재앙들이
모두 소멸되리라.

관세음보살이여, 지극한 마음으로 내 말을 들으라.

제십이(第十二)

지장보살의 불가사의함은 다함이 없으니
백천만 겁을 두고 말해도 다 전하지 못하리라.
이와 같은 지장보살의 위신력을 널리 설하고자 하니
누구든 지장보살의 이름을 듣고
그 형상을 보고 예배하며
향과 꽃, 옷과 음식으로 공양하면
백천 생 동안 뛰어난 즐거움을 받으리라.
만약 이 공덕을 법계에 회향하면
마침내 성불하여 생사의 바다를 뛰어넘으리라.
그러므로 관세음이여, 이러한 이치를 마땅히 알아
항하의 모래 수 같은 세계에 두루 알려야 하느니라.

제십삼(第十三) 촉루인천품

그때 세존께서 금빛 팔을 드시어 지장보살 마하살의 이마를 어루만지며 이렇게 말씀하셨다.

"지장보살이여, 그대의 위신력은 참으로 불가사의하며, 그대의 자비심도 불가사의하고, 그대의 지혜는 헤아릴 수 없고, 그대의 설법 능력 또한 불가사의하도다.

시방세계의 모든 부처님들께서 그대의 이러한 공덕을 천만 겁 동안 찬탄하여도 다 할 수 없으리라.

지장보살이여, 내가 오늘 이 도리천궁에서 백천억의 말로는 표현할 수 없는 일체의 제불보살과 천룡팔부가 모인 이 큰 법회 자리에서 인간과 천상의 모든 중생들과 삼계를 벗어나지 못하고 고통의 불바다를 헤매는 자들을 위해 다시 한 번 간절히 그대에게 부탁하노라.

이 중생들로 하여금 단 하루 낮, 하루 밤이라도 악도에 떨어지지 않게 하려거늘 어찌 다시 오무간 지옥이나 아비지

제십삼(第十三)

옥에 떨어져 천만억겁을 지나도록 빠져나오지 못하는 일이 있어서야 되겠는가.

지장보살이여, 이 염부제의 중생들은 본성이 일정하지 않아 악한 행동을 쉽게 익히고, 선한 마음을 낸다 해도 그것이 금방 사라지며, 한번 악한 인연을 만나게 되면 마음속 생각마다 죄를 짓게 되니, 이런 이유로 내가 백천억 가지 모습으로 몸을 나타내어 그들의 근기와 성향에 맞게 가르치고 인도하여 해탈에 이르게 하고자 하는 것이다.

지장보살이여, 나는 지금 인간과 천상의 모든 중생들을 간절히 그대에게 맡기노니 미래세에 불법 안에서 티끌 하나만큼, 물방울 하나만큼이라도 선한 마음을 낸 선남자 선여인이 있다면 그대는 반드시 도력을 발휘하여 이 사람을 보호하고, 위없는 도를 닦는 데에 물러섬이 없게 하여야 하느니라.

지장보살이여, 또한 미래세의 하늘과 인간 중 어떤 이들이 업에 따라 과보를 받아 악도에 떨어지게 될지라도, 설령 지옥문 앞에 이를지라도, 만약 이 중생이 단 하나의 부처님 명호나, 단 하나의 보살 명호 혹은 대승경전의 한 구절, 한 게송이라도 외운다면 그대는 반드시 신통력과 방편을 써서 이들을 고통에서 건져 내야 하느니라. 그 사람이 있는 곳마다 그대는 가없는 몸으로 나타나 지옥을 떠나 하늘나라에 태어나게 하여 아름답고 오묘한 즐거움을 누리게 하라."

그리고 세존께서 게송으로 그 가르침을 설하시며 말씀하셨다.

"현재와 미래의 모든 중생을
내가 지금 그대에게 맡기노니
그대는 큰 신통력과 방편력을 발휘하여
이들 중생이 악도에 떨어지지 않도록 하라."

이때 지장보살 마하살이 무릎을 꿇고 합장하며 부처님께 말씀드렸다.
"세존이시여, 부디 조금도 염려하지 마십시오. 미래세에 선남자 선여인이 불법 속에서 일심으로 공경심을 내면 저는 백천 가지의 방편을 써서 반드시 이들이 도를 이루게 하여 생사윤회 속에서 조속히 해탈할 수 있도록 하겠습니다. 하물며 스스로 착한 법문을 듣고 생각마다 실천하려는 이들이야 어찌 말할 나위가 있겠습니까. 그런 이는 자연스럽게 무상의 도에 이르게 되어 결코 물러서는 일이 없을 것입니다."

제십삼(第十三)

이때 그 자리에 참석해 있던 보살 가운데 허공장보살이 부처님께 여쭈었다.

"세존이시여, 저는 이번에 도리천궁에 와서 부처님께서 지장보살의 불가사의한 위신력과 원력을 찬탄하시는 말씀을 들었습니다.

그렇다면 미래세에 선남자 선여인, 혹은 하늘의 존재등이 경전이나 지장보살의 이름을 듣고 또는 그 형상 앞에 나아가 예배드리게 된다면 구체적으로 어떤 복덕과 이익을 얻게 되는지요?

원컨대 부디 간략하게라도 미래와 현재의 중생들을 위해 밝혀 주시옵소서."

부처님께서 허공장보살에게 말씀하셨다.

"자세히 듣고 자세히 듣거라. 그대를 위하여 분별하여 말하리라. 만약 미래세에 선남자 선여인이 지장보살의 형상을 보고, 이 경전을 듣고 독송하며, 향·꽃·음식·의복·보배 등을 공양하고 찬탄하며 예배드린다면, 스물여덟 가지 공덕을 얻게 되리라.

첫째, 천룡이 항상 지켜 줄 것이요,

둘째, 선한 과보가 날로 더할 것이며,

셋째, 성스러운 스승을 만나게 될 것이요,

넷째, 깨달음의 마음이 물러나지 않을 것이며,

다섯째, 의식이 풍족할 것이며,

여섯째, 병고가 없을 것이며,

일곱째, 물과 불의 재앙이 없을 것이며,

여덟째, 도둑의 해를 입지 않을 것이요,

아홉째, 사람들이 존경하게 될 것이며,

열째, 착한 신이 도울 것이요,

열한째, 남자의 몸을 받을 수 있으며,

열두째, 귀한 가문의 여인으로 태어날 것이며,

열셋째, 얼굴이 단정하고 아름다울 것이며,

열넷째, 자주 천상에 태어날 것이며,

열다섯째, 제왕의 삶을 누릴 것이며,

열여섯째, 전생의 일을 알게 될 것이며,

열일곱째, 원하는 바를 뜻대로 이룰 것이며,

열여덟째, 가족이 화목하고 편안할 것이며,

열아홉째, 모든 재앙이 사라질 것이며,

스무째, 악업의 길이 끊어질 것이며,

스물한째, 가는 곳마다 막힘이 없을 것이며,

스물두째, 밤의 꿈이 평안할 것이며,

제십삼(第十三)

스물셋째, 돌아가신 조상이 고통에서 벗어날 것이며,
스물넷째, 복 많은 삶으로 태어날 것이며,
스물다섯째, 모든 성현이 칭찬할 것이며,
스물여섯째, 총명하고 근기가 뛰어날 것이며,
스물일곱째, 대중을 향한 자비심이 넉넉할 것이며,
스물여덟째, 마침내 성불하리라.

허공장보살이여,
만약 현재와 미래의 천룡과 영의 무리가 지장보살의 이름을 듣거나, 그 형상을 보거나, 그 본원을 듣고 수행하고 찬탄하며 예배한다면 일곱 가지 이익을 얻게 되리니
첫째, 곧 성현의 자리에 오를 것이며,
둘째, 악한 업이 소멸될 것이며,
셋째, 모든 부처님이 보호할 것이며,
넷째, 깨달음의 길에서 물러남이 없을 것이며,
다섯째, 본래의 서원이 점점 깊어질 것이며,
여섯째, 전생과 내생을 통달하게 되며,
일곱째, 마침내 성불하게 되리라."

그때 시방세계에서 모인 말로 다 할 수 없는 모든 부처님과 대보살, 천룡팔부가 석가모니 부처님께서 지장보살의 불가사의한 위신력을 찬탄하시는 말씀을 듣고 모두가 감탄하였다.

이때 도리천궁에서는 향과 꽃, 의복과 보배 구슬이 비 오듯 내려 석가모니 부처님과 지장보살께 공양을 올렸다.
법회에 모였던 모든 대중은 함께 우러러 예배하고,
합장한 뒤에 차례로 물러갔다.

지장보살본원경
地藏菩薩本願經

제일(第一). 도리천궁신통품 忉利天宮神通品

여시아문 일시 불 재도리천 위모설법 이시 시방
如是我聞 一時 佛 在忉利天 爲母說法 爾時 十方
무량세계 불가설불가설일체제불 급대보살마하살
無量世界 不可說不可說一切諸佛 及大菩薩摩訶薩
개래집회 찬탄 석가모니불 능어오탁악세 현불가
皆來集會 讚歎 釋迦牟尼佛 能於五濁惡世 現不可
사의대지혜신통지력 조복강강중생 지고락법 각
思議大智慧神通之力 調伏剛强衆生 知苦樂法 各
견시자 문신세존 시시 여래 함소 방백천만억대
遣侍者 問訊世尊 是時 如來 含笑 放百千萬億大
광명운 소위대원만광명운 대자비광명운 대지혜
光明雲 所謂大圓滿光明雲 大慈悲光明雲 大智慧
광명운 대반야광명운 대삼매광명운 대길상광명
光明雲 大般若光明雲 大三昧光明雲 大吉祥光明
운 대복덕광명운 대공덕광명운 대귀의광명운 대
雲 大福德光明雲 大功德光明雲 大歸依光明雲 大
찬탄광명운 방여시등불가설광명운이 우출종종미
讚歎光明雲 放如是等不可說光明雲已 又出種種微
묘지음 소위 단바라밀음 시라바라밀음 찬제바라
妙之音 所謂 檀波羅蜜音 尸羅波羅蜜音 羼提波羅
밀음 비리야바라밀음 선바라밀음 반야바라밀음

제일(第一)

蜜音 毗離耶波羅蜜音 禪波羅蜜音 般若波羅蜜音
자비음 희사음 해탈음 무루음 지혜음 대지혜음
慈悲音 喜捨音 解脫音 無漏音 智慧音 大智慧音
사자후음 대사자후음 운뢰음 대운뢰음 출여시등
獅子吼音 大獅子吼音 雲雷音 大雲雷音 出如是等
불가설불가설음이 사바세계급타방국토 유무량
不可說不可說音己 娑婆世界及他方國土 有無量
억천룡귀신 역집도도리천궁 소위사천왕천 도리
億天龍鬼神 亦集到忉利天宮 所謂四天王天 忉利
천 수염마천 도솔타천 화락천 타화자재천 범중
天 須燄摩天 兜率陀天 化樂天 他化自在天 梵衆
천 범보천 대범천 소광천 무량광천 광음천 소정
天 梵輔天 大梵天 少光天 無量光天 光音天 少淨
천 무량정천 변정천 복생천 복애천 광과천 엄식
天 無量淨天 遍淨天 福生天 福愛天 廣果天 嚴飾
천 무량엄식천 엄식과실천 무상천 무번천 무열
天 無量嚴飾天 嚴飾果實天 無想天 無煩天 無熱
천 선견천 선현천 색구경천 마혜수라천 내지비
天 善見天 善現天 色究竟天 摩醯首羅天 乃至非
상비비상처천 일체천중 용중 귀신등중 실래집회
想非非想處天 一切天衆 龍衆 鬼神等衆 悉來集會
부유타방국토 급사바세계 해신 강신 하신 수신
復有他方國土 及娑婆世界 海神 江神 河神 樹神
산신 지신 천택신 묘가신 주신 야신 공신 천신

산신 지신 천택신 묘가신 주신 야신 공신 천신
山神 地神 川澤神 描稼神 晝神 夜神 空神 天神

음식신 초목신 여시등신 개래집회 부유타방국토
飮食神 草木神 如是等神 皆來集會 復有他方國土

급사바세계 제대귀왕 소위악목귀왕 담혈귀왕 담
及娑婆世界 諸大鬼王 所謂惡目鬼王 噉血鬼王 噉

정기귀왕 담태란귀왕 행병귀왕 섭독귀왕 자심귀
精氣鬼王 噉胎卵鬼王 行病鬼王 攝毒鬼王 慈心鬼

왕 복리귀왕 대애경귀왕 여시등귀왕 개래집회
王 福利鬼王 大愛敬鬼王 如是等鬼王 皆來集會

이시 석가모니불 고문수사리법왕자보살마하살
爾時 釋迦牟尼佛 告文殊師利法王子菩薩摩訶薩

여관시일체제불보살 급천룡귀신 차세계타세계차
汝觀是一切諸佛菩薩 及天龍鬼神 此世界他世界此

국토타국토 여시 금래집회도리천자 여지수부
國土他國土 如是 今來集會到忉利天者 汝知數否

문수사리 백불언 세존 약이아신력 천겁 측탁 불
文殊師利 白佛言 世尊 若以我神力 千劫 測度 不

능득지 불고문수사리 오이불안 관 유부진수 차
能得知 佛告文殊師利 吾以佛眼 觀 猶不盡數 此

개시지장보살 구원겁래 이도당도미도 이성취 당
皆是地藏菩薩 久遠劫來 已度當度未度 已成就 當

성취 미성취 문수사리백불언 세존 아이과거 구
成就 未成就 文殊師利白佛言 世尊 我已過去 久

수선근 증무애지 문불소언 즉당신수 소과성문
修善根 證無礙智 聞佛所言 卽當信受 小果聲聞
천룡팔부 급미래세 제중생등 수문여래성실지어
天龍八部 及未來世 諸衆生等 雖聞如來誠實之語
필회의혹 설사정수 미면흥방 유원세존 광설지장
必懷疑惑 設使頂受 未免興謗 唯願世尊 廣說地藏
보살마하살 인지 작하행 입하원 이능성취부사
菩薩摩訶薩 因地 作何行 立何願 而能成 就不思
의 불고문수사리 비여삼천대천세계 소유초목
議事 佛告文殊師利 譬如三千大千世界 所有草木
총림 도마죽위 산석미진 일물일수 작일항하 일
叢林 稻麻竹葦 山石微塵 一物一數 作一恒河 一
항하사일사 일계 일계지내 일진 일겁 일겁지내
恒河沙一沙 一界 一界之內 一塵 一劫 一劫 之內
소적진수 진충위겁 지장보살 증십지과위이래
所積塵數 盡充爲劫 地藏菩薩 證十地果位以來
천배다어상유 하황지장보살 재성문벽지불지 문
千倍多於上喩 何況地藏菩薩 在聲聞辟支佛地 文
수사리 차보살 위신서원 불가사의 약미래세 유
殊師利 此菩薩 威神誓願 不可思議 若未來世 有
선남자선여인 문시보살명자 혹찬탄 혹첨례 혹칭
善男子善女人 聞是菩薩名字 或讚歎 或瞻禮 或稱
명 혹공양 내지채화각루소칠형상 시인 당득백
名 或供養 乃至彩畵刻鏤塑漆形像 是人 當得百

반생어삼십삼천 영불타악도 문수사리 시지장보살
返生於三十三天 永不墮惡道 文殊師利 是地藏菩

마하살 어과거구원불가설불가설겁전 신위대장
薩摩訶薩 於過去久遠不可說不可說劫前 身爲大長

자자 시세유불 호왈사자분신구족만행여래 시 장
者子 時世有佛 號曰獅子奮迅具足萬行如來 時 長

자자견불상호천복장엄 인문피불 작하행원 이득
者子見佛相好千福莊嚴 因問彼佛 作何行願 而得

차상 시 사자분신구족만행여래 고장자자 욕증차
此相 時 獅子奮迅具足萬行如來 告長者子 欲證此

신 당수구원 도탈일체수고중생 문수사리 시 장
身 當須久遠 度脫一切受苦衆生 文殊師利 時 長

자자 인발서언 아금진미래제불가계겁 위시죄고
者子 因發誓言 我今盡未來際不可計劫 爲是罪苦

육도중생 광설방편 진령해탈 이아자신 방성불도
六道衆生 廣設方便 盡令解脫 以我自身 方成佛道

이시 어피불전 입사대원 금백천만억나유타불
以是 於彼佛前 入斯大願 于今百千萬億那由他不

가설겁 상위보살 우어과거불가사의아승지겁 시
可說劫 尙爲菩薩 又於過去不可思議阿僧祇劫 時

세유불 호왈각화정자재왕여래 피불수명 사백천
世有佛 號曰覺華定自在王如來 彼佛壽命 四百千

만억아승지겁 상법지중 유일바라문녀 숙복 심후
萬億阿僧祇劫 像法之中 有一婆羅門女 宿福 深厚

제일(第一)

중소흠경 행주좌와 제천 위호 기모신사 상경삼
衆所欽敬 行住座臥 諸天 衛護 其母信邪 常輕三
보 시시 성녀광설방편 권유기모 영생정견 이차
寶 是時 聖女廣設方便 勸誘其母 令生正見 而此
녀모 미전생신 불구명종 혼신 타재무간지옥 시
女母 未全生信 不久命終 魂神 墮在無間地獄 時
바라문녀 지모재세 불신인과 계당수업 필생악취
婆羅門女 知母在世 不信因果 計當隨業 必生惡趣
수매가택 광구향화 급제공구 어선불탑사 대흥공
遂賣家宅 廣求香華 及諸供具 於先佛塔寺 大興供
양 견각화정자재왕여래 기형상재일사중 소화위
養 見覺華定自在王如來 其形像在一寺中 塑畫威
용 단엄필비 시 바라문녀 첨례존용 배생경앙 사
容 端嚴畢備 時 婆羅門女 瞻禮尊容 倍生敬仰 私
자념언 불명대각 구일체지 약재세시 아모사후
自念言 佛名大覺 具一切智 若在世時 我母死後
당래문불 필지처소 시 바라문녀수읍양구 첨련여
儻來問佛 必知處所 時 婆羅門女垂泣良久 瞻戀如
래 홀문공중성왈 읍자성녀 물지비애 아금시여모
來 忽聞空中聲曰 泣者聖女 勿至悲哀 我今示汝母
지거처 바라문녀 합장향공 이백천왈 시하신덕
之去處 婆羅門女 合掌向空 而白天曰 是何神德
관아우려 아자실모이래 주야억련 무처가문지모
寬我憂慮 我自失母已來 晝夜憶戀 無處可問知母

113

생계 시 공중유성 재보녀왈 아시여소첨례자 과
生界 時 空中有聲 再報女曰 我是汝所瞻禮者 過
거각화정자재왕여래 견여억모 배어상정중생지분
去覺華定自在王如來 見汝億母 培於常情衆生之分
고래고시 바라문녀 문차성이 거신자박 지절개손
故來告示 婆羅門女 聞此聲已 擧身自撲 支節皆損
좌우부시 양구방소 이백공왈 원불자민 속설아모
左右扶侍 良久方蘇 而白空曰 願佛慈愍 速說我母
생계 아금신심 장사불구 시 각화정자재왕여래
生界 我今身心 將死不久 時 覺華定自在王如來
고성녀왈 여공양필 단조반사 단좌사유오지명호
告聖女曰 汝供養畢 但早返舍 端坐思惟吾之名號
즉당지모소생거처 시 바라문녀심례불이 즉귀기
卽當知母所生去處 時 婆羅門女尋禮佛已 卽歸其
사 이억모고 단좌념 각화정자재왕여래 경일일
舍 以億母故 端坐念 覺華定自在王如來 經一日一
야 홀견자신 도일해변 기수용비 다제악수 진부
夜 忽見自身 到一海邊 其水湧沸 多諸惡獸 盡復
철신 비주해상 동서치축 견제남자여인백천만수
鐵身 飛走海上 東西馳逐 見諸男子女人百千萬數
출몰해중 피제악수 쟁취식담 우견야차 기형 각
出沒海中 被諸惡獸 爭取食噉 又見夜叉 其形 各
이 혹 다수다안 다족다두 구아외출 이인여구 구
異 或 多手多眼 多足多頭 口牙外出 利刃如鉤 驅

제일(第一)

제죄인 사근악수 부자박확 두족상취 기형 만류
諸罪人 使近惡獸 復自搏攫 頭足相就 其形 萬類
불감구시 시 바라문녀 이염불력고 자연무구 유
不敢久視 時 婆羅門女 以念佛力故 自然無懼 有
일귀왕 명왈무독 계수래영 백성녀왈 선재 보살
一鬼王 名曰無毒 稽首來迎 白聖女曰 善哉 菩薩
하연 래차 시 바라문녀 문귀왕왈 차시하처 무독
何緣 來此 時 婆羅門女 問鬼王曰 此是何處 無毒
답왈 차시대철위산서면제일중해 성녀문왈 아문
答曰 此是大鐵圍山西面第一重海 聖女問曰 我聞
철위지내 지옥재중 시사실부 무독 답왈 실유지
鐵圍之內 地獄在中 是事實不 無毒 答曰 實有地
옥 성녀문왈 아금운하득도옥소 무독 답왈 약비
獄 聖女問曰 我今云何得到獄所 無毒 答曰 若非
위신 즉수업력 비차이사 종불능도 성녀우문 차
威神 卽須業力 非此二事 終不能到 聖女又問 此
수 하연 이내용비 다제죄인 급이악수 무독 답왈
水 何緣 而内湧沸 多諸罪人 及以惡獸 無毒 答曰
차시남염부제조악중생 신사지자 경사십구일 무
此是南閻浮提造惡衆生 新死之者 經四十九日 無
인계사위작공덕 구발고난 생시 우무선인 당거본
人繼嗣爲作功德 救拔苦難 生時 又無善因 當據本
업소감지옥 자연선도차해 해동십만유순우유일
業所感地獄 自然先渡此海 海東十萬由旬又有一

해 기고배차 피해지동 우유일해 기고부배 삼업
海 其苦倍此 彼海之東 又有一海 其苦復倍 三業

악인지소초감 공호업해 기처시야 성녀우문귀왕
惡因之所招感 共號業海 其處是也 聖女又問鬼王

무독왈 지옥 하재 무독 답왈 삼해지내 시대지옥
無毒曰 地獄 何在 無毒 答曰 三海之內 是大地獄

기수백천 각각차별 소위대자 구유십팔 차유오백
其數百千 各各差別 所謂大者 具有十八 次有五百

고독 무량 차유천백 역무량고 성녀우문대귀왕왈
苦毒 無量 次有千百 亦無量苦 聖女又問大鬼王曰

아모사래미구 부지혼신 당지하취 귀왕 문성녀
我母死來未久 不知魂神 當至何趣 鬼王 問聖女

왈 보살지모 재생 습하행업 성녀답왈 아모 사견
曰 菩薩之母 在生 習何行業 聖女答曰 我母 邪見

기훼삼보 설혹잠신 선우불경 사수일천 미지하
譏毀三寶 設或暫信 旋又不敬 死雖日淺 未知何

처 무독 문왈 보살지모 성씨하등 성녀답왈 아부
處 無毒 問曰 菩薩之母 姓氏何等 聖女答曰 我父

아모 구바라문종 부호 시라선견 모호 열제리 무
我母 俱婆羅門種 夫號 尸羅善見 母號 悅帝利 無

독 합장 계보살왈 원성자 각반 무지우억비련 열
毒 合掌 啓菩薩曰 願聖者 却返 無至憂憶悲戀 悅

제리죄녀생천이래 경금삼일 운승효순지자위모설
帝利罪女生天以來 經今三日 云承孝順之子 爲母設

제이(第二)

공수복 보시각화정자재왕여래탑사 비유보살지모
供修福 布施覺華定自在王如來塔寺 非唯菩薩之母
득탈지옥 응시무간 차일죄인 실득수락 구동생흘
得脫地獄 應是無間 此日罪人 悉得受樂 俱同生訖
귀왕 언필 합장이퇴 바라문녀심여몽귀 오차사이
鬼王 言畢 合掌而退 婆羅門女尋如夢歸 悟此事已
변어각화정자재왕여래탑상지전 입홍서원 원아진
便於覺華定自在王如來塔像之前 立弘誓願 願我盡
미래겁 응유죄고중생 광설방편 사령해탈 불고문
未來劫 應有罪苦衆生 廣設方便 使令解脫 佛告文
수사리 시귀왕무독자 당금재수보살 시 바라문녀
殊師利 時鬼王無毒者 當今財首菩薩 是 婆羅門女
자 즉지장보살 시。
者 卽地藏菩薩 是

제이(第二). 분신집회품 分身集會品

이시 백천만억불가사불가의불가량불가설 무량아
爾時 百千萬億不可思不可議不可量不可說 無量阿
승지세계 소유지옥처 분신지장보살 구래집재도
僧祇世界 所有地獄處 分身地藏菩薩 俱來集在忉
리천궁 이여래신력고 각이방면 여제득해탈 종업

利天宮 以如來神力故 各以方面 與諸得解脫 從業
도출자 역각유천만억나유타수 공지향화 래공양
道出者 亦各有千萬億那由他數 共持香華 來供養
불 피제동래등배 개인지장보살교화 영불퇴전어
佛 彼諸同來等輩 皆因地藏菩薩敎化 永不退轉於
아뇩다라삼먁삼보리 시제중등 구원겁래 유랑생
阿耨多羅三藐三菩提 是諸衆等 久遠劫來 流浪生
사 육도수고 잠무휴식 이지장보살 광대자비심서
死 六道受苦 暫無休息 以地藏菩薩 廣大慈悲深誓
원고 각획과증 기지도리 심회용약 첨앙여래 목
願故 各獲果證 旣至忉利 心懷踊躍 瞻仰如來 目
불잠사 이시 세존 서금색비 마백천만억불가사불
不暫捨 爾時 世尊 舒金色臂 摩百千萬億不可思不
가의불가량불가설 무량아승지세계 제화신지장
可議不可量不可說 無量阿僧祇世界 諸化身地藏
보살마하살정 이작시언 오어오탁악세 교화여시
菩薩摩訶薩頂 而作是言 吾於五濁惡世 敎化如是
강강중생 영심조복 사사귀정 십유일이 상재악습
剛强衆生 令心調伏 捨邪歸正 十有一二 尚在惡習
오역분신천백억 광설방편 혹유이근 문즉신수 혹
吾亦分身千百億 廣設方便 或有利根 聞卽信受 或
유선과 근권성취 혹유암둔 구화방귀 혹유업중
有善果 勤勸成就 或有暗鈍 久化方歸 或有業重
불생경앙 여시등배중생 각각차별 분신도탈 혹현

제이(第二)

不生敬仰 如是等輩衆生 各各差別 分身度脫 或現
남자신 혹현여인신 혹현천룡신 혹현귀신신 혹현
男子身 或現女人身 或現天龍身 或現鬼神身 或現
산림천원 하지천정 이급어인 실개도탈 혹현제석
山林川源 河池泉井 利及於人 悉皆度脫 或現帝釋
신 혹현범왕신 혹현전륜왕신 혹현거사신 혹현국
身 或現梵王身 或現轉輪王身 或現居士身 或現國
왕신 혹현재보신 혹현관속신 혹현비구비구니 우
王身 或現宰輔身 或現官屬身 或現比丘比丘尼 優
바새우바이신 내지성문 나한 벽지불 보살등신
婆塞優婆夷身 乃至聲聞 羅漢 辟支佛 菩薩等身
이이화도 비단불신 독현기신 여관오누겁 근고도
而以化度 非但佛身 獨現其身 汝觀吾累劫 勤苦度
탈여시등난화강강 죄고중생 기유미조복자 수업
脫如是等難化剛強 罪苦衆生 其有未調伏者 隨業
보응 약타악취 수대고시 여당억념 오재도리천궁
報應 若墮惡趣 受大苦時 汝當憶念 吾在忉利天宮
은근부촉 영사바세계 지미륵출세이래 중생 실사
慇懃付囑 令娑婆世界 至彌勒出世已來 衆生 悉使
해탈 영리제고 우불수기 이시 제세계화신지장보살
解脫 永離諸苦 遇佛授記 爾時 諸世界化身地藏菩
공복일형 체루애련 이백불언 아종구원겁래
薩 共復一形 涕淚哀戀 而白佛言 我從久遠劫來
몽불접인 사획불가사의신력 구대지혜 아소분신

蒙佛接引 使獲不可思議神力 具大智慧 我所分身
변만백천만억항하사세계 매일세계 화백천만억신
遍滿百千萬億恒河沙世界 每一世界 化百千萬億身
매일화신 도백천만억인 영귀경삼보 영리생사 지
每一化身 度百千萬億人 令歸敬三寶 永離生死 至
열반락 단어불법중 소위선사 일모일적일사일진
涅槃樂 但於佛法中 所爲善事 一毛一滴一沙一塵
혹호발허 아점도탈 사획대리 유원세존 불이후세
或毫髮許 我漸度脫 使獲大利 唯願世尊 不以後世
악업중생 위려 여시삼백불언 유원세존 불이후세
惡業衆生 爲慮 如是三白佛言 唯願世尊 不以後世
악업중생 위려 이시 불 찬지장보살언 선재선재
惡業衆生 爲慮 爾時 佛 讚地藏菩薩言 善哉善哉
오조여희 여능성취구원겁래 발홍서원 광도장필
吾助汝喜 汝能成就久遠劫來 發弘誓願 廣度將畢
즉증보리。
卽證菩提

제삼(第三). 관중생업연품 觀衆生業緣品

이시 불모마야부인 공경합장 문지장보살언 성자

제삼(第三)

이시 불모마야부인 공경합장 문지장보살언 성자
爾時 佛母摩耶夫人 恭敬合掌 問地藏菩薩言 聖者
염부중생 조업차별 소수보응 기사운하 지장 답
閻浮眾生 造業差別 所受報應 其事云何 地藏 答
언 천만세계 내급국토 혹유지옥혹무지옥 혹유여
言 千萬世界 乃及國土 或有地獄或無地獄 或有女
인혹무여인 혹유불법혹무불법 내지성문벽지불
人或無女人 或有佛法或無佛法 乃至聲聞辟支佛
역부여시 비단지옥 죄보일등 마야부인 중백보살
亦復如是 非但地獄 罪報一等 摩耶夫人 重白菩薩
차원문어염부죄보 소감악취 지장 답언 성모 유
且願聞於閻浮罪報 所感惡趣 地藏 答言 聖母 唯
원청수 아조설지 불모백언 원성자 설 이시 지장
願聽受 我粗說之 佛母白言 願聖者 說 爾時 地藏
보살 백성모언 남염부제 죄보명호 여시 약유중
菩薩 白聖母言 南閻浮提 罪報名號 如是 若有眾
생 불효부모 혹지살생 당타무간지옥 천만억겁
生 不孝父母 或至殺生 當墮無間地獄 千萬億劫
구출무기 약유중생 출불신혈 훼방삼보 불경존
求出無期 若有眾生 出佛身血 毀謗三寶 不敬尊
경 역당타어무간지옥 천만억겁구출무기 약유중
經 亦當墮於無間地獄 千萬億劫求出無期 若有眾
생 침손상주 점오승니 혹가람내 자행음욕 혹살혹
生 侵損常住 點污僧尼 或伽藍內 恣行淫慾 或殺或
해 여시등배 당타무간지옥 천만억겁구출무기 약

害 如是等輩 當墮無間地獄 千萬億劫求出無期 若
유중생 위작사문 심비사문 파용상주 기광백의
有眾生 偽作沙門 心非沙門 破用常住 欺誑白衣
위배계율 종종조악 여시등배 당타무간지옥 천만
違背戒律 種種造惡 如是等輩 當墮無間地獄 千萬
억겁구출무기 약유중생 투절상주 재물곡미 음식
億劫求出無期 若有眾生 偷竊常住 財物穀米 飲食
의복 내지일물 불여취자 당타무간지옥 천만억겁
衣服 乃至一物 不與取者 當墮無間地獄 千萬億劫
구출무기 지장 백언 성모 약유중생 작여시죄 당
求出無期 地藏 白言 聖母 若有眾生 作如是罪 當
타오무간지옥 구잠정고 일념부득 마야부인 중
墮五無間地獄 求暫停苦 一念不得 摩耶夫人 重
백지장보살언 운하명위무간지옥 지장 백언 성모
白地藏菩薩言 云何名爲無間地獄 地藏 白言 聖母
제유지옥 재대철위산지내 기대지옥 유일십팔소
諸有地獄 在大鐵圍山之内 其大地獄 有一十八所
차유오백 명호각별 차유천백 명자각별 무간옥자
次有五百 名號各別 次有千百 名字各別 無間獄者
기옥성 주잡팔만여리 기성 순철 고 일만리 성상
其獄城 周匝八萬餘里 其城 純鐵 高 一萬里 城上
화취 소유공궐 기옥성중 제옥 상련 명호각별 독
火聚 少有空闕 其獄城中 諸獄 相連 名號各別 獨
유일옥 명왈무간 기옥 주잡만팔천리 옥장고 일

제삼(第三)

有一獄 名曰無間 其獄 周匝萬八千里 獄墻高一
천리 실시철위 상화철하 하화철상 철사철구 토
千里 悉是鐵爲 上火鐵下 下火鐵上 鐵蛇鐵狗 吐
화치축 옥장지상 동서이주 옥중 유상 변만만리
火馳逐 獄墻之上 東西而走 獄中 有床 遍滿萬里
일인 수죄 자견기신 변와만상 천만인 수죄 역각
一人 受罪 自見其身 徧臥滿床 千萬人 受罪 亦各
자견신 만상상 중업소감 획보여시우제죄인 비수
自見身 滿床上 衆業所感 獲報如是又諸罪人 備受
중고 천백야차 급이악귀 구아여검 안여전광 수
衆苦 千百夜叉 及以惡鬼 口牙如劍 眼如電光 手
부동조 추장좌참 부유야차 집대철극 중죄인신
復銅爪 抽腸剉斬 復有夜叉 執大鐵戟 中罪人身
중구비 혹중복배 포공번접 혹치상상 부유철응
或中口鼻 或中腹背 抛空翻接 或置床上 復有鐵鷹
담죄인목 부유철사 교죄인수 백지절내 실하장정
啗罪人目 復有鐵蛇 繳罪人首 百肢節內 悉下長釘
발설경려 타예죄인 양동관구 열철전신 만사만생
拔舌耕犁 拖拽罪人 烊銅灌口 熱鐵纏身 萬死萬生
업감여시 동경억겁 구출무기 차계괴시 기생타계
業感如是 動經億劫 求出無期 此界壞時 寄生他界
타계차괴 전기타방 타방괴시 전전상기 차계성후
他界次壞 轉寄他方 他方壞時 展轉相寄 此界成後
환부이래 무간죄보 기사여시 우오사업감 고칭무

환복이래 무간죄보 기사여시 우오 일자 일야수죄 이지겁수 무시간절
還復而來 無間罪報 其事如是 又五事業感 故稱無
간 고칭하등 위오 일자 일야수죄 이지겁수 무시간절
間 何等 爲五 一者 日夜受罪 以至劫數 無時間絶
고칭무간 이자 일인 역만 다인 역만 고칭무간 삼자
無間 二者 一人 亦滿 多人 亦滿 故稱無間 三者
죄기 차봉 응사낭견 대마거착 좌작확탕 철망철승
罪器 杈棒 鷹蛇狼犬 碓磨鉅鑿 剉斫鑊湯 鐵網鐵繩
철려철마 생혁낙수 열철요신 기탄철환 갈음철즙
鐵驢鐵馬 生革絡首 熱鐵澆身 飢吞鐵丸 渴飲鐵汁
종년경겁 수나유타 고초상련 갱무간단 고칭무간
從年竟劫 數那由他 苦楚相連 更無間斷 故稱無間
사자 불문남자여인 강호이적 노유귀천 혹룡혹신
四者 不問男子女人 羌胡夷狄 老幼貴賤 或龍或神
혹천혹귀 죄행업감 실동수지 고칭무간 오자 약
或天或鬼 罪行業感 悉同受之 故稱無間 五者 若
타차옥 종초입시 지백천겁 일일일야 만사만생
墮此獄 從初入時 至百千劫 一日一夜 萬死萬生
구일념간잠주 부득 제비업진 방득수생 이차연면
求一念間暫住 不得 除非業盡 方得受生 以此連綿
고칭무간 지장보살 백성모언 무간지옥 조설여시
故稱無間 地藏菩薩 白聖母言 無間地獄 粗說如是
약광설지옥죄기등명 급제고사 일겁지중 구설부
若廣說地獄罪器等名 及諸苦事 一劫之中 求說不

제사(第四)

진 마야부인 문이 수우합장 정례이퇴.
盡 摩耶夫人 聞已 愁憂合掌 頂禮而退

제사(第四). 염부중생업감품 閻浮衆生業感品

이시 지장보살마하살 백불언 세존 아승불여래
爾時 地藏菩薩摩訶薩 白佛言 世尊 我承佛如來
위신력고 변백천만억세계 분시신형 구발일체업
威神力故 遍百千萬億世界 分是身形 救拔一切業
보중생 약비여래대자력고 즉불능작여시변화 아
報衆生 若非如來大慈力故 卽不能作如是變化 我
금 우몽불부촉 지아일다성불이래 육도중생 견령
今 又蒙佛付囑 至阿逸多成佛以來 六道衆生 遣令
해탈 유원세존 원불유려 이시 불고지장보살 일
解脫 唯願世尊 願不有慮 爾時 佛告地藏菩薩 一
체중생 미해탈자 성식무정 악습결업 선습결과
切衆生 未解脫者 性識無定 惡習結業 善習結果
위선위악 축경이생 윤전오도 잠무휴식 동경진
爲善爲惡 逐境而生 輪轉五道 暫無休息 動經塵
겁 미혹장난 여어유망 장시장류 탈입잠출 우부
劫 迷惑障難 如魚遊網 將是長流 脫入暫出 又復
조망 이시등배 오당우념 여기필시왕원 누겁중서

遵綱 以是等輩 吾當憂念 汝既畢是往願 累劫重誓
광도죄배 오부하려 설시어시 회중 유일보살마하
廣度罪輩 吾復何慮 說是語時 會中 有一菩薩摩訶
살 명 정자재왕 백불언 세존 지장보살 누겁이래
薩 名 定自在王 白佛言 世尊 地藏菩薩 累劫以來
각발하원 금몽세존 은근찬탄 유원세존 약이설지
各發何願 今蒙世尊 慇懃讚歎 唯願世尊 略而說之
이시 세존 고정자재왕보살 제청제청 선사념지
爾時 世尊 告定自在王菩薩 諦聽諦聽 善思念之
오당위여 분별해설 내왕과거무량아승지나유타
吾當爲汝 分別解說 乃往過去無量阿僧祇那由他
불가설겁 이시유불 호 일체지성취여래 응공 정
不可說劫 爾時有佛 號 一切智成就如來 應供 正
변지 명행족 선서 세간해 무상사 조어장부 천인
徧智 明行足 善逝 世間解 無上士 調御丈夫 天人
사 불 세존 기불수명 육만겁 미출가시 위소국왕
師 佛 世尊 其佛壽命 六萬劫 未出家時 爲小國王
여일린국왕 위우 동행십선 요익중생 기린국내
與一隣國王 爲友 同行十善 饒益衆生 其隣國內
소유인민 다조중악 이왕 의계 광설방편 일왕발
所有人民 多造衆惡 二王 議計 廣設方便 一王發
원 조성불도 당도시배 영사무여 일왕발원 약불
願 早成佛道 當度是輩 令使無餘 一王發願 若不
선도죄고 영시안락 득지보리 아종미원성불 불고

제사(第四)

先度罪苦 令是安樂 得至菩提 我終未願成佛 佛告
정자재왕보살 일왕발원 조성불자 즉일체지성취
定自在王菩薩 一王發願 早成佛者 卽一切智成就
여래 시 일왕발원 영도죄고중생 미원성불자 즉
如來 是 一王發願 永度罪苦衆生 未願成佛者 卽
지장보살 시 부어과거무량아승지겁 유불출세 명
地藏菩薩 是 復於過去無量阿僧祇劫 有佛出世 名
청정연화목여래 기불수명 사십겁 상법지중 유일
清淨蓮華目如來 其佛壽命 四十劫 像法之中 有一
나한 복도중생 인차교화 우일여인 자왈광목 설
羅漢 福度衆生 因次教化 遇一女人 字曰光目 設
식공양 나한 문지 욕원하등 광목답언 아이모망
食供養 羅漢 問之 欲願何等 光目答言 我以母亡
지일 자복구발 미지아모 생처하취 나한 민지 위
之日 資福救拔 未知我母 生處何趣 羅漢 愍之 爲
입정관 견광목녀모 타재악취 수극대고 나한 문
入定觀 見光目女母 墮在惡趣 受極大苦 羅漢 問
광목언 여모재생 작하행업 금재악취 수극대고
光目言 汝母在生 作何行業 今在惡趣 受極大苦
광목 답왈 아모소습 유호식담어별지속 소식어별
光目 答曰 我母所習 唯好食啖魚鱉之屬 所食魚鱉
다식기자 혹초혹자 자정식담 계기명수 천만부배
多食其子 或炒或煮 恣情食啖 計其命數 千萬復倍
존자 자민 여하애구 나한 민지 위작방편 권광목

127

尊者 慈愍 如何哀救 羅漢 愍之 爲作方便 勸光目
언 여가지성 염청정연화목여래 겸소화형상 존망
言 汝可志誠 念清淨蓮華目如來 兼塑畫形像 存亡
획보 광목문이 즉사소애 심화불상이공양지 부공
獲報 光目聞已 卽捨所愛 尋畫佛像而供養之 復恭
경심 비읍첨례 홀어야후 몽견불신 금색황요 여
敬心 悲泣瞻禮 忽於夜後 夢見佛身 金色晃耀 如
수미산 방대광명 이고광목 여모불구 당생여가
須彌山 放大光明 而告光目 汝母不久 當生汝家
재각기한 즉당언설 기후가내 비생일자 미만삼일
纔覺飢寒 卽當言說 其後家內 婢生一子 未滿三日
이내언설 계수비읍 고어광목 생사업연 과보자수
而乃言說 稽首悲泣 告於光目 生死業緣 果報自受
오시여모 구처암명 자별여거 누타대지옥 금몽복
吾是汝母 久處暗冥 自別汝去 累墮大地獄 今蒙福
력 당득수생 위하천인 우부단명 수년십삼 갱락
力 當得受生 爲下賤人 又復短命 壽年十三 更落
악도 여유하계 영오탈면 광목문설 지모무의 경
惡道 汝有何計 令吾脫免 光目聞說 知母無疑 硬
열비제 이백비자 기시아모 합지본죄 작하행업
咽悲啼 而白婢子 旣是我母 合知本罪 作何行業
타어악도 비자답언 이살생훼매이업 수보 약비몽
墮於惡道 婢子答言 以殺生毀罵二業 受報 若非蒙
복 구발오난 이시업고 미합해탈 광목문언 지옥

제사(第四)

福 救拔吾難 以是業故 未合解脫 光目問言 地獄
죄보기사운하 비자답언 죄고지사 불인칭설 백천
罪報其事云何 婢子答言 罪苦之事 不忍稱說 百千
세중 졸백난경 광목문이 제루호읍 이백공계 원
歲中 卒白難竟 光目聞已 啼淚號泣 而白空界 願
아지모영탈지옥 필십삼세 갱무중죄급력악도 시
我之母永脫地獄 畢十三歲 更無重罪及歷惡道 十
방제불 자애민아 청아위모 소발광대서원 약득아
方諸佛 慈哀愍我 聽我爲母 所發廣大誓願 若得我
모영리삼도 급사하천 내지여인지신 영겁불수자
母永離三塗 及斯下賤 乃至女人之身 永劫不受者
원아자금일후 대청정연화목여래상전 각후백천만
願我自今日後 對清淨蓮華目如來像前 却後百千萬
억겁중 응유세계 소유지옥 급삼악도제죄고중생
億劫中 應有世界 所有地獄 及三惡道諸罪苦衆生
서원구발 영리지옥악취축생아귀등 여시죄보등인
誓願救拔 令離地獄惡趣畜生餓鬼等 如是罪報等人
진성불경연후 아방성정각 발서원이 구문청정연
盡成佛竟然後 我方成正覺 發誓願已 具聞清淨蓮
화목여래지설 이고지왈 광목 여대자민 선능위모
華目如來之說 而告之曰 光目 汝大慈愍 善能爲母
발여시대원 오관여모십삼세필 사차보이 생위범
發如是大願 吾觀汝母十三歲畢 捨此報已 生爲梵
지 수년백세 과시보후 당생무우국토 수명 불가

志　壽年百歲　過是報後　當生無憂國土　壽命 不可
계겁　후성불과　광도인천수여항하사　불고정자재
計劫　後成佛果　廣度人天數如恒河沙　佛告定自在
왕　이시　나한　복도광목자　즉무진의보살　시　광목
王　爾時　羅漢　福度光目者　卽無盡意菩薩　是　光目
모자　즉해탈보살　시 광목녀자　즉지장보살　시 과
母者　卽解脫菩薩　是 光目女者　卽地藏菩薩　是 過
거구원겁중　여시자민　발항하사원　광도중생　미래
去久遠劫中　如是慈愍　發恒河沙願　廣度衆生　未來
세중　약유남자여인　불행선자　행악자　내지불신인
世中　若有男子女人　不行善者　行惡者　乃至不信因
과자　사음망어자　양설악구자　훼방대승자　여시제
果者　邪淫妄語者　兩舌惡口者　毀謗大乘者　如是諸
업중생　필타악취　약우선지식　권령일탄지간　귀의
業衆生　必墮惡趣　若遇善知識　勸令一彈指間　歸依
지장보살　시제중생　즉득해탈삼악도보　약능지심
地藏菩薩　是諸衆生　卽得解脫三惡道報　若能至心
귀경　급첨례찬탄　향화의복　종종진보　혹부음식
歸敬　及瞻禮讚歎　香華衣服　種種珍寶　或復飮食
여시봉사자　미래백천만억겁중　상재제천　수승묘
如是奉事者　未來百千萬億劫中　常在諸天　受勝妙
락　약천복진　하생인간　유백천겁　상위제왕　능억
樂　若天福盡　下生人間　有百千劫　常爲帝王　能憶
숙명인과본말　정자재왕　여시지장보살　유여차불

제사(第四)

宿命因果本末 定自在王 如是地藏菩薩 有如此不
가사의대위신력 광리중생 여등제보살 당기시경
可思議大威神力 廣利衆生 汝等諸菩薩 當記是經
광선유포 정자재왕 백불언 세존 원불유려 아등
廣宣流布 定自在王 白佛言 世尊 願不有慮 我等
천만억보살마하살 필능승불위신 광연시경 어염
千萬億菩薩摩訶薩 必能承佛威神 廣演是經 於閻
부제 이익중생 정자재왕보살 백세존이 합장공경
浮提 利益衆生 定自在王菩薩 白世尊已 合掌恭敬
작례이퇴 이시 사방천왕 구종좌기 합장공경 백
作禮而退 爾時 四方天王 俱從座起 合掌恭敬 白
불언 세존 지장보살 어구원겁래 발여시대원 운
佛言 世尊 地藏菩薩 於久遠劫來 發如是大願 云
하지금 유도미절 갱발광대서원 유원세존 위아등
何至今 猶度未絶 更發廣大誓願 唯願世尊 爲我等
설 불고사천왕 선재선재 오금 위여급미래현재천
說 佛告四天王 善哉善哉 吾今 爲汝及未來現在天
인중등 광이익고 설지장보살 어사바세계염부제
人衆等 廣利益故 說地藏菩薩 於娑婆世界閻浮提
내생사도중 자애구발 도탈일체죄고중생 방편지
內生死道中 慈哀救拔 度脫一切罪苦衆生 方便之
사 사천왕 언 유연세존 원요욕문 불고사천왕 지
事 四天王 言 唯然世尊 願樂欲聞 佛告四天王 地
장보살 구원겁래 흘지우금 도탈중생 유미필원

藏菩薩 久遠劫來 迄至于今 度脫衆生 猶未畢願
자민차세죄고중생 다관미래무량겁중 인만부단
慈愍此世罪苦衆生 多觀未來無量劫中 因蔓不斷
이시지고 우발중원 여시보살 어사바세계염부
以是之故 又發重願 如是菩薩 於娑婆世界閻浮提
제중 백천만억방편 이위교화 사천왕 지장보살 약
中 百千萬億方便 而爲敎化 四天王 地藏菩薩 若
우살생자 설숙앙단명보 약우절도자 설빈궁고초
遇殺生者 說宿殃短命報 若遇竊盜者 說貧窮苦楚
보 약우사음자 설작합원앙보 약우악구자 설권속
報 若遇邪淫者 說雀鴿鴛鴦報 若遇惡口者 說眷屬
투쟁보 약우훼방자 설무설창구보 약우진에자 설
鬪諍報 若遇毁謗者 說無舌瘡口報 若遇瞋恚者 說
추루융잔보 약우간린자 설소구위원보 약우음식
醜陋癃殘報 若遇慳悋者 說所求違願報 若遇飮食
무도자 설기갈인병보 약우전렵자정자 설경광상
無度者 說飢渴咽病報 若遇佃獵恣情者 說驚狂喪
명보 약우패역부모자 설천지재살보 약우소산림
命報 若遇悖逆父母者 說天地災殺報 若遇燒山林
목자 설광미취사보 약우전후부모악독자 설반생
木者 說狂迷取死報 若遇前後父母惡毒者 說返生
편달현수보 약우망포생추자 설골육분리보 약우
鞭撻現受報 若遇網捕生雛者 說骨肉分離報 若遇
훼방삼보자 설맹농음아보 약우경법만교자 설영

제사(第四)

毁謗三寶者 說盲聾瘖啞報 若遇輕法慢教者 說永
처악도보 약우파용상주자 설억겁윤회지옥보 약
處惡道報 若遇破用常住者 說億劫輪廻地獄報 若
우오범무승자 설영재축생보 약우탕화참작상생자
遇污梵誣僧者 說永在畜生報 若遇湯火斬斫傷生者
설윤회체상보 약우파계범재자 설금수기아보 약
說輪廻遞傷報 若遇破戒犯齋者 說禽獸飢餓報 若
우비리훼용자 설소구궐절보 약우아만공고자 설
遇非理毁用者 說所求闕絶報 若遇我慢貢高者 說
비사하천보 약우양설투란자 설무설백설보 약우
卑使下賤報 若遇兩舌鬪亂者 說無舌百舌報 若遇
사견자 설변지수생보 여시등염부제중생 신구의
邪見者 說邊地受生報 如是等閻浮提衆生 身口意
업악습결과 백천보응 금조약설 여시등염부제중
業惡習結果 百千報應 今粗略說 如是等閻浮提衆
생 업감차별 지장보살 백천방편 이교화지 시제
生 業感差別 地藏菩薩 百千方便 而敎化之 是諸
중생 선수여시등보 후타지옥 동경겁수 무유출기
衆生 先受如是等報 後墮地獄 動經劫數 無有出期
시고 여등 호인호국 무령시제중업 미혹중생 사
是故 汝等 護人護國 無令是諸衆業 迷惑衆生 四
천왕 문이 체루비탄 합장이퇴。
天王 聞已 涕淚悲歎 合掌而退

133

제오(第五). 지옥명호품 地獄名號品

이시 보현보살마하살 백지장보살언 인자 원 위
爾時 普賢菩薩摩訶薩 白地藏菩薩言 仁者 願 爲
천룡팔부 급미래현재일체중생 설사바세계 급염
天龍八部及未來現在一切衆生 說娑婆世界 及閻
부제 죄고중생 소수보처 지옥명호 급악보등사
浮提 罪苦衆生 所受報處 地獄名號 及惡報等事
사미래세말법중생 지시과보 지장 답언 인자 아금
未來世末法衆生 知是果報 地藏 答言 仁者 我今
승불위신 급대사지력 약설지옥명호 급죄보지사
承佛威神 及大士之力 若說地獄名號 及罪報之事
인자 염부제동방 유산 호왈철위 기산 흑수무일
仁者 閻浮提東方 有山 號曰鐵圍 其山 黑邃無日
월광 유대지옥 호극무간 우유지옥 명왈대아비
月光 有大地獄 號極無間 又有地獄 名曰大阿鼻
부유지옥 명왈사각 부유지옥 명왈비도 부유지옥
復有地獄 名曰四角 復有地獄 名曰飛刀 復有地獄
명왈화전 부유지옥 명왈협산 부유지옥 명왈통창
名曰火箭 復有地獄 名曰夾山 復有地獄 名曰通槍
부유지옥 명왈철거 부유지옥 명왈철상 부유지옥
復有地獄 名曰鐵車 復有地獄 名曰鐵床 復有地獄
명왈철우 부유지옥 명왈철의 부유지옥 명왈천인
名曰鐵牛 復有地獄 名曰鐵衣 復有地獄 名曰千刃

제오(第五)

부유지옥 명왈철려 부유지옥 명왈양동 부유지옥
復有地獄 名曰鐵驢 復有地獄 名曰烊銅 復有地獄
명왈포주 부유지옥 명왈유화 부유지옥 명왈경설
名曰抱柱 復有地獄 名曰流火 復有地獄 名曰耕舌
부유지옥 명왈좌수 부유지옥 명왈소각 부유지옥
復有地獄 名曰剉首 復有地獄 名曰燒脚 復有地獄
명왈담안 부유지옥 명왈철환 부유지옥 명왈쟁론
名曰啗眼 復有地獄 名曰鐵丸 復有地獄 名曰諍論
부유지옥 명왈철수 부유지옥 명왈다진 지장보살
復有地獄 名曰鐵鈇 復有地獄 名曰多瞋 地藏菩薩
우언 인자 철위지내 유여시등지옥 기수무한 갱
又言 仁者 鐵圍之內 有如是等地獄 其數無限 更
유규환지옥 발설지옥 분뇨지옥 동쇄지옥 화상지
有叫喚地獄 拔舌地獄 糞尿地獄 銅鎖地獄 火象地
옥 화구지옥 화마지옥 화우지옥 화산지옥 화석
獄 火狗地獄 火馬地獄 火牛地獄 火山地獄 火石
지옥 화상지옥 화량지옥 화응지옥 거아지옥 박
地獄 火床地獄 火梁地獄 火鷹地獄 鋸牙地獄 剝
피지옥 음혈지옥 소수지옥 소각지옥 도자지옥
皮地獄 飮血地獄 燒手地獄 燒脚地獄 倒刺地獄
화옥지옥 철옥지옥 화랑지옥 여시등지옥 기중
火屋地獄 鐵屋地獄 火狼地獄 如是等地獄 其中
각각부유제소지옥 혹일혹이 혹삼혹사 내지백천
各各復有諸小地獄 或一或二 或三或四 乃至百千

기중명호 각각부동 지장보살 우고보현보살언 인
其中名號 各各不同 地藏菩薩 又告普賢菩薩言 仁
자 차자 개시남염부제행악중생 업감 여시 업력
者 此者 皆是南閻浮提行惡衆生 業感 如是 業力
심대 능적수미 능심거해 능장성도 시고 중생 막
甚大 能敵須彌 能深巨海 能障聖道 是故 衆生 莫
경소악 이위무죄 사후유보 섬호수지 부자지친
輕小惡 以爲無罪 死後有報 纖毫受之 父子至親
기로각별 종연상봉 무긍대수 아금 승불위력 약
岐路各別 縱然相逢 無肯代受 我今 承佛威力 略
언설지옥죄보지사 유원인자 잠청시언 보현보살 답
說地獄罪報之事 惟願仁者 暫聽是言 普賢菩薩 答
언 오수구지삼악도보 망인자설 영후세말법 일체
言 吾雖久知三惡道報 望仁者說 令後世末法 一切
악행중생 문인자설 사령귀향불법 지장보살 백언
惡行衆生 聞仁者說 使令歸向佛法 地藏菩薩 白言
인자 지옥죄보 기사여시 혹유지옥 취죄인설 사
仁者 地獄罪報 其事如是 或有地獄 取罪人舌 使
우경지 혹유지옥 취죄인심 야차식지 혹유지옥
牛耕之 或有地獄 取罪人心 夜叉食之 或有地獄
확탕성비 자죄인신 혹유지옥 적소동주 사죄인포
鑊湯盛沸 煮罪人身 或有地獄 赤燒銅柱 使罪人抱
혹유지옥 비맹화취 진급죄인 혹유지옥 일향한빙
或有地獄 飛猛火聚 趂及罪人 或有地獄 一向寒氷

제육(第六)

혹유지옥 무한분뇨 혹유지옥 비철질려 혹유지옥
或有地獄 無限糞尿 或有地獄 飛鐵銕鑗 或有地獄
다찬화창 혹유지옥 추당흉배 혹유지옥 구소수족
多攢火槍 或有地獄 椎撞胸背 或有地獄 俱燒手足
혹유지옥 반교철사 혹유지옥 구축철구 혹유지옥
或有地獄 盤繳鐵蛇 或有地獄 驅逐鐵狗 或有地獄
병가철라 인자 여시등보 각각옥중 유백천종 업
竝駕鐵騾 仁者 如是等報 各各獄中 有百千種 業
도지기 무비시동 시철 시석 시화 차사종물 중업
道之器 無非是銅 是鐵 是石 是火 此四種物 衆業
행감 약광설지옥죄보등사 일일옥중 갱유백천종
行感 若廣說地獄罪報等事 一一獄中 更有百千種
고초 하황다옥 아금 승불위신 급인자문 약설여
苦楚 何況多獄 我今 承佛威神 及仁者問 略說如
시 약광해설 궁겁부진。
是 若廣解說 窮劫不盡

제육(第六.) 여래찬탄품 如來讚歎品

이시 세존 거신방대광명 변조백천억항하사등 제
爾時 世尊 擧身放大光明 遍照百千億恒河沙等 諸
불세계 출대음성 보고제불세계 일체제보살마하

佛世界 出大音聲 普告諸佛世界 一切諸菩薩摩訶
살 급천룡귀신인비인등 청오 금일 칭양찬탄지장
薩 及天龍鬼神人非人等 聽吾 今日 稱揚讚歎地藏
보살마하살 어시방세계 현대불가사의위신자비지
菩薩摩訶薩 於十方世界 現大不可思議威神慈悲之
력 구호일체죄고지사 오멸도후 여등제보살대사
力 救護一切罪苦之事 吾滅度後 汝等諸菩薩大士
급천룡귀신등 광작방편 위호시경 영일체중생 이
及天龍鬼神等 廣作方便 衛護是經 令一切衆生 離
일체고 증열반락 설시어이 회중 유일보살 명왈
一切苦 證涅槃樂 說是語已 會中 有一菩薩 名曰
보광 합장공경 이백불언 금견 세존 찬탄지장보살
普廣 合掌恭敬 而白佛言 今見 世尊 讚歎地藏菩
유 여시불가사의 대위신덕 유원세존 위미래세
薩 有如是不可思議 大威神德 唯願世尊 爲未來世
말법중생 선설지장보살 이익인천인과등사 사제
末法衆生 宣說地藏菩薩 利益人天因果等事 使諸
천룡팔부급미래세중생 정수불어 이시 세존 고보
天龍八部及未來世衆生 頂受佛語 爾時 世尊 告普
광보살 급사중등 제청 제청 오당위여 약설지장
廣菩薩 及四衆等 諦聽 諦聽 吾當爲汝 若說地藏
보살 이익인천복덕지사 보광 백언 유연세존 원
菩薩 利益人天福德之事 普廣 白言 唯然世尊 願
요욕문 불고보광보살 미래세중 약유선남자선여

제육(第六)

樂欲聞 佛告普廣菩薩 未來世中 若有善男子善女
인 문시지장보살마하살명자 혹합장자 찬탄자 작
人 聞是地藏菩薩摩訶薩名者 或合掌者 讚歎者 作
례자 연모자 시인 초월삼십겁죄 보광 약유선남
禮者 戀慕者 是人 超越三十劫罪 普廣 若有善男
자선여인 혹채화형상 혹토석교칠금은동철 작차
子善女人 或彩畵形像 或土石膠漆金銀銅鐵 作此
보살 일첨일례자 시인 백반생어삼십삼천 영불타
菩薩 一瞻一禮者 是人 百返生於三十三天 永不墮
어악도 가여천복진고 하생인간 유위국왕 불실대
於惡道 假如天福盡故 下生人間 猶爲國王 不失大
리 약유여인 염여인신 진심공양지장보살화상 급
利 若有女人 厭女人身 盡心供養地藏菩薩畵像 及
토석교칠동철등상 여시일일불퇴 상이화향음식의
土石膠漆銅鐵等像 如是日日不退 常以華香飮食衣
복증채 당번전보물등공양 시선여인 진차일보여신
服繒綵 幢幡錢寶物等供養 是善女人 盡此一報女身
백천만겁 갱불생유여인세계 하황부수여신 제비
百千萬劫 更不 生有女人世界 何況復受女身 除非
자원력고 요수여신 도탈중생 승사공양지장보살
慈願力故 要受女身 度脫衆生 承斯供養地藏菩薩
지력 급공덕력고 백천만겁 갱불부수여인지신
之力 及功德力 故 百千萬劫 更不復受女人之身
부차보광보살 약유여인 염시추루다질병자 단어

復次普廣菩薩 若有女人 厭是醜陋多疾病者 但於
지장보살상전 지심첨례 식경지간 시인 천만겁
地藏菩薩像前 至心瞻禮 食頃之間 是人 千萬劫
중 소수생신 상모원만 무제질병 시추루여인 여
中 所受生身 相貌圓滿 無諸疾病 是醜陋女人 如
불염시여신 즉백천만억생중 상위왕녀 내급왕비
不厭是女身 卽百千萬億生中 常爲王女 乃及王妃
재보대성대장자녀 단정수생 제상원만 유지심고
宰輔大姓大長者女 端正受生 諸相圓滿 由至心故
첨례지장보살 획복여시 부차보광 약유선남자선
瞻禮地藏菩薩 獲福如是 復次普廣 若有善男子善
여인 능대지장보살상전 작제기악 가영찬탄향화
女人 能對地藏菩薩 像前 作諸妓樂 歌詠讚歎香華
공양 내지권어일인 다인 여시등배 현재세중 급
供養 乃至勸於一人 多人 如是等輩 現在世中 及
미래세 상득백천귀신 일야위호 불령악사첩문어
未來世 常得百千鬼神 日夜衛護 不令惡事輒聞於
이 하황친수제횡 부차보광보살 미래세중 약유
耳 何況親受諸橫 復次 普廣菩薩 未來世中 若有
악인급악신악귀 견유선남자선여인 귀경공양찬
惡人及惡神惡鬼 見有善男子善女人 歸敬供養讚
탄첨례지장보살형상 혹망생기훼방 무공덕 급이
歎瞻禮地藏菩薩形像 或妄生譏毁謗 無功德 及利
익사 혹로치소 혹배면비 혹권인공비 혹일인비혹

제육(第六)

益事 或露齒笑 或背面非 或勸人共非 或一人非或
다인비 내지일념 생기훼자 여시지인 지현겁천불
多人非 乃至一念 生譏毀者 如是之人 至賢劫千佛
멸도지후 기훼죄보 상재아비지옥 수극중죄 과시
滅度之後 譏毀罪報 尚在阿鼻地獄 受極重罪 過是
겁이 방수아귀 우경천겁 부수축생 우경천겁 방
劫已 方受餓鬼 又經千劫 復受畜生 又經千劫 方
득인신 종수인신 빈궁하천제근불구 다피악업내
得人身 縱受人身 貧窮下賤 諸根不具 多被惡業來
결기신 불구지간 부타악도 시고 보광 기훼타인
結其身 不久之間 復墮惡道 是故 普廣 譏毀他人
공양 상획차보 하황별생악견훼멸 부차보광보살
供養 尚獲此報 何況別生惡見毀滅 復次普廣菩薩
약미래세유남자여인 구환상침 구생구사 요불가
若未來世有男子女人 久患牀枕 求生求死 了不可
득 혹야몽 악귀내급가친 혹유험도 혹다염매공귀
得 或夜夢 惡鬼乃及家親 或遊險道 或多魘魅共鬼
신유 일월세심전 부왕채 수중 규환참처불락자 차
神遊 日月歲深轉 復尫瘵 睡中 叫喚慘悽不樂者 此
개시업도론대 미정경중 혹난사수 혹부득유 남녀
皆是業道論對 未定輕重 或難捨壽 或不得愈 男女
속안 불변시사 단당대제불보살상전 고성전독
俗眼 不辯是事 但當對諸佛 菩薩像前 高聲轉讀
차경일편 혹취병인 가애지물 혹의복보패장원사

此經一遍 或取病人 可愛之物 或衣服寶貝莊園舍
택 대병인전 고성창언 아모갑등 위시병인 대경
宅 對病人前 高聲唱言 我某甲等 爲是病人 對經
상전 사제물등 혹공양경상혹조불보살형상 혹조
像前 捨諸物等 或供養經像或造 佛菩薩形像 或造
탑사 혹연유등 혹시상주 여시삼백 병인 견령문
塔寺 或燃油燈 或施常住 如是三白 病人 遣令聞
지 가사제식 분산지기진자 일일이일삼일내지칠
知 假使諸識 分散至氣盡者 一日 二日三日乃至七
일이래 단고성백사 고성독경 시인 명종지후 숙
日已來 但高聲白事 高聲讀經 是人 命終之後 宿
앙중죄 지우오무간죄 영득해탈 소수생처 상지숙
殃重罪 至于五無間罪 永得解脫 所受生處 常知宿
명 하황선남자선여인 자서차경 혹교인서 혹자소
命 何況善男子善女人 自書此經 或敎人書 或自塑
화보살형상 내지교인소화 소수과보 필획대리 시
畫菩薩形像 乃至敎人塑畫 所受果報 必獲大利 是
고 보광 약견유인독송시경 내지일념찬탄시경 혹
故 普廣 若見有人讀誦是經 乃至一念讚歎是經 或
공경시경자 여수백천방편 권시등인 근심막퇴 능
恭敬是經者 汝須百千方便 勸是等人 勤心莫退 能
득미래현재 백천만억불가사의공덕 부차보광보살
得未來現在 百千萬億不可思議功德 復次普廣菩薩
약미래세제중생등 혹몽혹매 견제귀신내급제형

제육(第六)

若未來世諸衆生等 或夢或寐 見諸鬼神乃及諸形
혹비혹제혹수혹탄혹공혹포 차개시일생십생 백생
或悲或啼或愁或歎或恐或怖 此皆是一生十生 百生
천생 과거부모남녀제매부처권속 재어악취 미득
千生 過去父母男女弟妹付處眷屬 在於惡趣 未得
출리 무처희망복력 구발고뇌 당고숙세골육 사작
出離 無處希望福力 救拔苦惱 當告宿世骨肉 使作
방편원리악도 보광여이신력 견시권속 영대제불
方便願離惡道 普廣 汝以神力 遣是眷屬 令對諸佛
보살상전 지심자독차경 혹청인독 기수삼편혹지
菩薩像前 至心自讀此經 或請人讀 其數三遍或至
칠편 여시악도권속 경성 필시편수 당득해탈 내
七遍 如是惡道眷屬 經聲 畢是遍數 當得解脫 乃
지몽매지중 영불부견 부차보광 약미래세유제하
至夢寐之中 永不復見 復次普廣 若未來世有諸下
천등인 혹노혹비 내지제부자유지인 각지숙업
賤等人 或奴或婢 乃至諸不自由之人 覺知宿業
요참회자 지심첨례지장보살형상 내어일칠일중
要懺悔者 至心瞻禮地藏菩薩形像 乃於一七日中
염보살명가만만편 여시등인 진차보후 천만생중
念菩薩名可滿萬遍 如是等人 盡此報後 千萬生中
상생존귀 갱불경력삼악도고 부차보광 약미래세
常生尊貴 更不經歷三惡道苦 復次普廣 若未來世
중염부제내 찰리바라문장자거사일체인등 급이성

143

中閻浮提内 刹利婆羅門長者居士一切人等 及異姓
종족 유신생자 혹남혹녀 칠일지중 조여독송차불
種族 有新生者 或男或女 七日之中 早與讀誦此不
가사의경전 갱위념보살명호 가만만편 시신생자
可思議經典 更爲念菩薩名號 可滿萬遍 是新生子
혹남혹녀 숙유앙보변득해탈 안락이양 수명증장
或男或女 宿有殃報便得解脫 安樂易養 壽命增長
약시승복생자 전증안락 급여수명 부차보광 약미
若是承福生者 轉增安樂 及與壽命 復此普廣 若未
래세중생 어월일일팔일 십사십오십팔일 이십삼
來世衆生 於月一日八日 十四十五十八日 二十三
이십사이십팔일 이십구삼십일 시제일등 제죄결
二十四二十八日 二十九三十日 是諸日等 諸罪結
집 정기경중 남염부제중생 거지동념 무불시업무
集 定其輕重 南閻浮提衆生 擧止動念 無不是業無
불시죄 하황자정살생절도 사음망어백천죄상 약
不是罪 何況恣情 殺生竊盜 邪淫妄語百千罪狀 若
능어시십재지일 대불보살급제현성상전 전독시경
能於是十齋之日 對佛菩薩及諸賢聖像前 轉讀是經
일편 동서남북백유순내 무제재난 당차거가 약장
一遍 東西南北百由旬内 無諸災難 當次居家 若長
약유 현재미래백세중 영리악취 능어십재일 매
若幼 現在未來百千歲中 永離惡趣 能於十齋日 每
전일편 현세영차거가 무제횡병 의식풍일 시고

제육(第六)

轉一遍 現世令此居家 無諸橫病 衣食豊溢 是故
보광 당지 지장보살유여시등 불가설백천만억 대
普廣 當知 地藏菩薩有如是等 不可說百千萬億 大
위신력이익지사 염부중생 어차대사유대인연 시
威神力利益之事 閻浮衆生 於此大士有大因緣 是
제중생 문보살명 견보살상 내지문시경삼자오자
諸衆生 聞菩薩名 見菩薩像 乃至聞是經三字五字
혹일게일구자 현재수묘안락 미래지세 백천만생
或一偈一句者 現在殊妙安樂 未來之世 百千萬生
상득단정생존귀가 이시 보광보살 문불여래 칭양
常得端正生尊貴家 爾時 普廣菩薩 聞佛如來 稱揚
찬탄지장보살 호궤합장 부백불언 세존 아구지시
讚歎地藏菩薩 胡跪合掌 復白佛言 世尊 我久知是
대사 유여차불가사의신력 급대서원력 위미래중
大士 有如此不可思議神力 及大誓願力 爲未來衆
생 견지이익고문여래 유원정수 세존 당하명차경
生 遣知利益故問如來 唯願頂受 世尊 當何名此經
사아운하유포 불고보광 차경범유삼명 일명 지장
使我云何流布 佛告普廣 此經凡有三名 一名 地藏
본원 역명지장본행 역명지장본서력경 연차보살
本願 亦名地藏本行 亦名地藏本誓力經 緣此菩薩
구원겁래 발대중원 이익중생 시고 여등 의원유
久遠劫來 發大重願 利益衆生 是故 汝等 依願流
포 보광보살 문이신수 합장공경 작례이퇴.

布 普廣菩薩 聞已信受 合掌恭敬 作禮而退

제칠(第七). 이익존망품 利益存亡品

이시 지장보살마하살 백불언 세존 아관시염부제
爾時 地藏菩薩摩訶薩 白佛言 世尊 我觀是閻浮提
중생 거족동념 무비시죄 약우선리 다퇴초심 혹
衆生 擧足動念 無非是罪 若遇善利 多退初心 或
우악연 염념증익 시등배인 여리니도 부어중석
遇惡緣 念念增益 是等輩人 如履泥塗 負於重石
점곤점중족섭심수 약득우선지식 체여감부혹전여
漸困漸重足涉深邃 若得遇善知識 替與減負或全與
부 시선지식 유대력고 부상부조 권령뇌각 약달
負 是善知識 有大力故 復相扶助 勸令牢脚 若達
평지 수성악로 무재경력 세존 습악중생 종섬호
平地 須省惡路 無再經歷 世尊 習惡衆生 從纖毫
간 변지무량 시제중생 유여차습 임명종시 남녀
間 便至無量 是諸衆生 有如此習 臨命終時 男女
권속 의위설복 이자전로 혹현번개 급연유등 혹
眷屬 宜爲設福 以資前路 或縣幡盖 及燃油燈 或
전독존경 혹공양불상급제성상 내지염불보살급벽

제칠(第七)

轉讀尊經 或供養佛像及諸聖像 乃至念佛菩薩及辟
지불명자 일명일호 역임종인이근 혹문재본식 시
支佛名字 一名一號 歷臨終人耳根 或聞在本識 是
제중생 소조악업 계기감과 필타악취 연시권속위
諸衆生 所造惡業 計其感果 必墮惡趣 緣是眷屬爲
기임종지인 수차성인 여시중죄 실개소멸 약능갱
其臨終之人 修此聖因 如是衆罪 悉皆消滅 若能更
위신사지후 칠칠일내 광조중선 능사시제중생 영
爲身死之後 七七日內 廣造衆善 能使是諸衆生 永
리악취 득생인천 수승묘락 현재권속 이익무량
離惡趣 得生人天 受勝妙樂 現在眷屬 利益無量
시고 아금대불세존 급천룡팔부인비인등 권어염
是故 我今對佛世尊 及天龍八部人非人等 勸於閻
부제중생 임종지일 신물살생급조악연 배제귀신
浮提衆生 臨終之日 愼勿殺生及造惡緣 拜祭鬼神
구제망량 하이고 시소살생내지배제 무섬호지력
求諸魍魎 何以故 是所殺生乃至拜祭 無纖毫之力
이익망인 단결죄연 전증심중 가사내세혹현재생
利益亡人 但結罪緣 轉增深重 假使來世或現在生
득획성분 생인천중 연시임종 피제권속 조시악인
得獲聖分 生人天中 緣是臨終 被諸眷屬 造是惡因
역령시명종인 앙루대변 만생선처 하황임명종인
亦令是命終人 殃累對辯 晚生善處 何況臨命終人
재생미증유소선근 각거본업 자수악취 하인권속

147

재생미증유소선근 각거본업 자수악취 하인권속
在生未曾有少善根 各據本業 自受惡趣 何忍眷屬
갱위증업 비여유인 종원지래 절량삼일 소부담물
更爲增業 譬如有人 從遠地來 絶粮三日 所負擔物
강과백근 홀우인인 갱부소물 이시지고 전부곤중
强過百斤 忽遇隣人 更附少物 以是之故 轉復困重
세존 아관 염부중생 단능어제불교중 내지선사일
世尊 我觀 閻浮衆生 但能於諸佛敎中 乃至善事一
모일적일사일진 여시이익 실개자득 설시어시 회
毛一滴一沙一塵 如是利益 悉皆自得 說是語時 會
중 유일장자 명왈대변 시장자 구증무생 화도시
中 有一長者 名曰大辯 是長者 久證無生 化度十
방 현장자신 합장공경 문지장보살언 대사 시남
方 現長者身 合掌恭敬 問地藏菩薩言 大士 是南
염부제중생 명종지후 대소권속위수공덕 내지설
閻浮提衆生 命終之後 大小眷屬爲修功德 乃至設
재 조중선인 시명종인 득대이익 급해탈부 지장
齋 造衆善因 是命終人 得大利益 及解脫不 地藏
보살 답언 장자 아금위미래현재일체중생 승불위
菩薩 答言 長者 我今爲未來現在一切衆生 承佛威
력 약설시사 장자 미래현재제중생등 임명종일
力 略說是事 長者 未來現在諸衆生等 臨命終日
득문일불명일보살명 일벽지불명 불문유죄무죄
得聞一佛名一菩薩名 一辟支佛名 不問有罪無罪
실득해탈 약유남자여인 재생불수선인 다조중죄

제칠(第七)

悉得解脫 若有男子女人 在生不修善因 多造衆罪
명종지후 권속대소위조복리 일체성사칠분지중
命終之後 眷屬大小爲造福利 一切聖事七分之中
이내획일 육분공덕 생자자리 이시지고 미래현재
而乃獲一 六分功德 生者自利 以是之故 未來現在
선남녀등 문건자수 분분전획 무상대귀불기이도
善男女等 聞健自修 分分全獲 無常大鬼不期而到
명명유신 미지죄복 칠칠일내여치여농 혹재제사
冥冥遊神 未知罪福 七七日內如癡如聾 或在諸司
변론업과 심정지후 거업수생 미측지간 천만수
辯論業果 審定之後 據業受生 未測之間 千萬愁
고 하황타어제악취등 시명종인 미득수생 재칠칠
苦 何況墮於諸惡趣等 是命終人 未得受生 在七七
일내염념지간 망제골육권속 여조복력구발 과시
日內念念之間 望諸骨肉眷屬 與造福力救拔 過是
일후 수업수보 약시죄인 동경천백세중 무해탈일
日後 隨業受報 若是罪人 動經千百歲中 無解脫日
약시오무간죄 타대지옥 천겁만겁 영수중고 부차
若是五無間罪 墮大地獄 千劫萬劫 永受衆苦 復次
장자 여시죄업중생 명종지후 권속골육위수영재
長者 如是罪業衆生 命終之後 眷屬骨肉爲修營齋
자조업도 미재식경 급영재지차 미감채엽 불기어
資助業道 未齋食竟 及營齋之次 未泔菜葉 不棄於
지 내지제식미헌불승 물득선식 여유위식급불정

149

地 乃至諸食未獻佛僧 勿得先食 如有違食及不精

근 시명종인 요부득력 약능정근호정 봉헌불승 시
勤 是命終人 了不得力 若能精勤護淨奉獻佛僧 是
명종인 칠분 획일 시고 장자 염부중생 약능위기
命終人 七分獲一 是故 長者 閻浮衆生 若能爲其
부모내지권속 명종지후 설재공양 지심근간 여시
父母乃至眷屬 命終之後 設齋供養 至心勤懇 如是
지인 존망획리 설시어시 도리천궁 유천만억나
之人 存亡獲利 說是語時 忉利天宮 有千萬億那
유타 염부귀신 실발무량보리지심 대변장자 환희
由他 閻浮鬼神 悉發無量菩提之心 大辯長者 歡喜
봉교 작례이퇴。
奉敎 作禮而退

제팔(第八). 염라왕중찬탄품 閻羅王衆讚歎品

이시 철위산내유무량귀왕 여염라천자 구예도리
爾時 鐵圍山內有無量鬼王 與閻羅天子 俱詣忉利
래도불소 소위악독귀왕 다악귀왕 대쟁귀왕 백호
來到佛所 所謂惡毒鬼王 多惡鬼王 大諍鬼王 白虎
귀왕 혈호귀왕 적호귀왕 산앙귀왕 비신귀왕 전
鬼王 血虎鬼王 赤虎鬼王 散殃鬼王 飛身鬼王 電

제팔(第八)

광귀왕 낭아귀왕 천안귀왕 담수귀왕 부석귀왕
光鬼王 狼牙鬼王 千眼鬼王 啖獸鬼王 負石鬼王

주모귀왕 주화귀왕 주복귀왕 주식귀왕 주재귀왕
主耗鬼王 主禍鬼王 主福鬼王 主食鬼王 主財鬼王

주축귀왕 주금귀왕 주수귀왕 주매귀왕 주산귀왕
主畜鬼王 主禽鬼王 主獸鬼王 主魅鬼王 主産鬼王

주명귀왕 주질귀왕 주험귀왕 삼목귀왕 사목귀왕
主命鬼王 主疾鬼王 主險鬼王 三目鬼王 四目鬼王

오목귀왕 기리실왕 대기리실왕 기리차왕 대기리
五目鬼王 祁利失王 大祁利失王 祁利叉王 大祁利

차왕 아나타왕 대아나타왕 여시등대귀왕 각각여
叉王 阿那他王 大阿那他王 如是等大鬼王 各各與

백천제소귀왕 진거염부제 각유소집 각유소주 시
百千諸小鬼王 盡居閻浮提 各有所執 各有所住 是

제귀왕 여염라천자 승불위신급지장보살마하살력
諸鬼王 與閻羅天子 承佛威神及地藏菩薩摩訶薩力

구예도리재일면립 이시 염라천자 호궤합장 백불
俱詣忉利在一面立 爾時 閻羅天子 胡跪合掌 白佛

언 세존 아등 금자 여제귀왕 승불위신급지장보
言 世尊 我等 今者 與諸鬼王 承佛威神及地藏菩

살마하살력 방득예차도리대회 역시아등 획선리
薩摩訶薩力 方得詣此忉利大會 亦是我等 獲善利

고 아금유소의사 감문세존 유원세존 자비위아
故 我今有小疑事 敢問世尊 唯願世尊 慈悲爲我

선설 불고염라천자 자여소문 오위여설 시시 염
宣說 佛告閻羅天子 恣汝所問 吾爲汝說 是時 閻

라천자 첨례세존 급회시지장보살 이백불언 세
羅天子 瞻禮世尊 及廻視地藏菩薩 而白佛言 世

존 아관지장보살 재육도중 백천방편 이도죄고중
尊 我觀地藏菩薩 在六道中 百千方便 而度罪苦衆

생 불사피권 시대보살 유여시불가사의신통지사
生 不辭疲倦 是大菩薩 有如是不可思議神通之事

연제중생 탈획죄보 미구지간 우타악도 세존 시
然諸衆生 脫獲罪報 未久之間 又墮惡道 世尊 是

지장보살 기유여시불가사의신력 운하중생 이불
地藏菩薩 旣有如是不可思議神力 云何衆生 而不

의지선도 영취해탈 유원세존 위아해설 불고염라
依止善道 永取解脫 唯願世尊 爲我解說 佛告閻羅

천자 남염부제중생 기성강강 난조난복 시대보살
天子 南閻浮提衆生 其性剛强 難調難伏 是大菩薩

어백천겁 두두 구발여시중생 조령해탈 시죄보인
於百千劫 頭頭 救拔如是衆生 早令解脫 是罪報人

내지타대악취 보살이방편력 출발근본업연 이견
乃至墮大惡趣 菩薩以方便力 出拔根本業緣 而遣

오숙세지사 자시염부중생 결악습중 선출선입 노
悟宿世之事 自是閻浮衆生 結惡習重 旋出旋入 勞

사보살 구경겁수 이작도탈 비여유인 미실본가
斯菩薩 久經劫數 而作度脫 譬如有人 迷失本家

제팔(第八)

오입험도	기험도중	다제야차급호랑사자원사복갈
誤入險道	其險道中	多諸夜叉及虎狼獅子蚖蛇蝮蝎

여시미인	재험도중수유지간	즉조제독	유일지식
如是迷人	在險道中須臾之間	即遭諸毒	有一知識

다해대술	선금시독내급야차제악독등	홀봉미인
多解大術	善禁是毒乃及夜叉諸惡毒等	忽逢迷人

욕진험도	이어지언	돌재남자	위하사고	이입차로
欲進險道	而語之言	咄哉男子	爲何事故	而入此路

유하이술	능제제독	시미로인	홀문시어	방지험도
有何異術	能制諸毒	是迷路人	忽聞是語	方知險道

즉변퇴보	구출차로	시선지식	제휴접수	인출험도
即便退步	求出此路	是善知識	提携接手	引出險道

면제악독	지우호도	영득안락	이어지언	돌재미인
免諸惡毒	至于好道	令得安樂	而語之言	咄哉迷人

자금이후	물리시도	차로입자	졸난득출	부손성명
自今以後	勿履是道	此路入者	卒難得出	復損性命

시미로인	역생감동	임별지시	지식우언	약견지친
是迷路人	亦生感動	臨別之時	知識又言	若見知親

급제로인약남약녀	언어차로	다제독악	상실성명
及諸路人若男若女	言於此路	多諸毒惡	喪失性命

무령시중	자취기사	시고	지장보살	구대자비	구
無令是衆	自取其死	是故	地藏菩薩	具大慈悲	救

발죄고중생	욕생천인중	영수묘락	시제죄중	지업
拔罪苦衆生	欲生天人中	令受妙樂	是諸罪衆	知業

도고 탈득출리 영불재력 여미로인 오입험도 우
道苦 脫得出離 永不再歷 如迷路人 誤入險道 遇

선지식 인접령출 영불부입 봉견타인 부권막입
善知識 引接令出 永不復入 逢見他人 復勸莫入

자연인시미고 해탈이경 갱불부입 약재이천 유상
自然因是迷故 解脫離竟 更不復入 若再履踐 猶尚

미오 불각구증소락험도 혹치실명 여타악취중생
迷誤 不覺舊曾所落險道 或致失命 如墮惡趣眾生

지장보살 방편력고 사령해탈 생인천중 선우재입
地藏菩薩 方便力故 使令解脫 生人天中 旋又再入

약업결중 영처지옥 무해탈시 이시 악독귀왕 합
若業結重 永處地獄 無解脫時 爾時 惡毒鬼王 合

장공경 백불언 세존 아등제귀왕 기수무량 재염
掌恭敬 白佛言 世尊 我等諸鬼王 其數無量 在閻

부제 혹이익인 혹손해인 각각부동 연시업보 사
浮提 或利益人 或損害人 各各不同 然是業報 使

아권속유행세계 다악소선 과인가정 혹성읍취락
我眷屬遊行世界 多惡少善 過人家庭 或城邑聚落

장원방사 혹유남자여인 수호발선사 내지현일번
莊園房舍 或有男子女人 修毫髮善事 乃至懸一幡

일개 소향소화 공양불상급보살상 혹전독존경 소
一蓋 少香少華 供養佛像及菩薩像 或轉讀尊經 燒

향공양일구일게 아등귀왕 경례시인 여과거현재
香供養一句一偈 我等鬼王 敬禮是人 如過去現在

제팔(第八)

미래제불 칙제소귀 각유대력급토지분 갱령위호
未來諸佛 勅諸小鬼 各有大力及土地分 更令衛護
불령악사횡사악병횡병 내지불여의사 근어차사등
不令惡事橫事惡病橫病 乃至不如意事 近於此舍等
처 하황입기문호 불찬귀왕 선재선재 여등급여염
處 何況入其門戶 佛讚鬼王 善哉善哉 汝等及與閻
라천자 능여시옹호선남자선여인 오역령어범왕제
羅天子 能如是擁護善男子善女人 吾亦令於梵王帝
석 위호여등 설시어시 회중 유일귀왕 명왈주명
釋 衛護汝等 說是語時 會中 有一鬼王 名曰主命
백불언 세존 아본업연 주기염부제인수명 생시사
白佛言 世尊 我本業緣 主其閻浮提人壽命 生時死
시 아개주지 재아본원심대이익 자시중생 불회아
時 我皆主知 在我本願甚大利益 自是衆生 不會我
의 치령생사 구부득안 하이고 시염부제인 초생
意 致令生死 俱不得安 何以故 是閻浮提人 初生
지시 불문남녀 장욕생시 단작선사 증익사택 자
之時 不問男女 將欲生時 但作善事 增益舍宅 自
령토지 무량환희옹호자모 득대안락 이익권속 혹
令土地 無量歡喜擁護子母 得大安樂 利益眷屬 或
이생하 신물살생 취제선미 공급산모 급광취권속
已生下 愼勿殺生 取諸鮮味 供給産母 及廣聚眷屬
음주식육가악현관 능령자모 부득안락 하이고 시
飮酒食肉歌樂絃管 能令子母 不得安樂 何以故 是

산난시 유무수악귀급망량정매 욕식성혈 시아조
産難時 有無數惡鬼及魍魎精魅 欲食腥血 是我早

령사택토지영기 하호자모 사령안락 이득이익 여
令舍宅土地靈祇 何護子母 使令安樂 而得利益 如

시지인견안락고 변합설복답제토지 번위살생취
是之人見安樂故 便合設福答諸土地 翻爲殺生聚

회권속 이시지고 범앙자수자 모구손 우염부제임
會眷屬 以是之故 犯殃自受 子母俱損 又閻浮提臨

명종인 불문선악 아욕령시명종지인 불락악도 하
命終人 不問善惡 我欲令是命終之人 不落惡道 何

황자수선근 증아력고 시염부제행선지인 임명종
況自修善根 增我力故 是閻浮提行善之人 臨命終

시 역유백천악독귀신 혹변작부모 내지제권속 인
時 亦有百千惡毒鬼神 或變作父母 乃至諸眷屬 引

접망인 영락악도 하황본조악자 세존 여시염부제
接亡人 令落惡道 何況本造惡者 世尊 如是閻浮提

남자여인 임명종시 신식혼미 불변선악 내지안이
男子女人 臨命終時 神識昏迷 不辨善惡 乃至眼耳

갱무견문 시제권속 당수설대공양 전독존경염불
更無見聞 是諸眷屬 當須設大供養 轉讀尊經念佛

보살명호 여시선연 능령망자이제악도 제마귀신
菩薩名號 如是善緣 能令亡者離諸惡道 諸魔鬼神

실개퇴산 세존 일체중생 임명종시 약득문일불명
悉皆退散 世尊 一切衆生 臨命終時 若得聞一佛名

제팔(第八)

일보살명 혹대승경전일구일게 아관여시배인 제
一菩薩名 或大乘經典一句一偈 我觀如是輩人 除
오무간살생지죄 소소악업 합타악취자 심즉해탈
五無間殺生之罪 小小惡業 合墮惡趣者 尋卽解脫
불고주명귀왕 여대자고 능발여시대원 어생사중
佛告主命鬼王 汝大慈故 能發如是大願 於生死中
호제중생 약미래세중 유남자여인 지생사시 여막
護諸衆生 若未來世中 有男子女人 至生死時 汝莫
퇴시원 총령해탈 영득안락 귀왕 백불 원불유려
退是願 總令解脫 永得安樂 鬼王 白佛 願不有慮
아필시형 염념옹호염부중생 생시사시 구득안락
我畢是形 念念擁護閻浮衆生 生時死時 俱得安樂
단원제중생 어생사시 신수아어 무불해탈 획대이
但願諸衆生 於生死時 信受我語 無不解脫 獲大利
익 이시 불고지장보살 시대귀왕주수명자 이증경
益 爾時 佛告地藏菩薩 是大鬼王主壽命者 已曾經
백천생중 작대귀왕 어생사중 옹호중생 여시대사
百千生中 作大鬼王 於生死中 擁護衆生 如是大士
자비원고 현대귀왕신 실비귀야 각후과일백칠십
慈悲願故 現大鬼王身 實非鬼也 却後過一百七十
겁 당득성불 호왈무상여래 겁명 안락 세계명 정
劫 當得成佛 號曰無相如來 劫名 安樂 世界名 淨
주 기불수명 불가계겁 지장보살 시대귀왕 기사
住 其佛壽命 不可計劫 地藏菩薩 是大鬼王 其事

여시 불가사의 소도천인 역불가한량。
如是 不可思議 所度天人 亦不可限量

제구(第九). 칭불명호품 稱佛名號品

이시 지장보살마하살 백불언 세존 아금위미래중
爾時 地藏菩薩摩訶薩 白佛言 世尊 我今爲未來衆
생연이익사 어생사중 득대이익 유원세존 청아
生 演利益事 於生死中 得大利益 唯願世尊 聽我
설지 불고지장보살 여금욕흥자비 구발일체죄고
說之 佛告地藏菩薩 汝今欲興慈悲 救拔一切罪苦
육도중생 연부사의사 금정시시 유당속설 오즉열
六道衆生 演不思議事 今正是時 唯當速說 吾卽涅
반 사여조필시원 오역무우현재미래일체중생 지
槃 使汝早畢是願 吾亦無憂現在未來一切衆生 地
장보살 백불언 세존 과거무량아승지겁 유불출세
藏菩薩 白佛言 世尊 過去無量阿僧祇劫 有佛出世
호 무변신여래 약유남자여인 문시불명 잠생공
號 無邊身如來 若有男子女人 聞是佛名 暫生恭
경 즉득초월사십겁생사중죄 하황소화형상공양찬
敬 卽得超越四十劫生死重罪 何況塑畫形像供養讚
탄 기인획복 무량무변 우어과거항하사겁 유불출

제구(第九)

歎 其人獲福 無量無邊 又於過去恒河沙劫 有佛出
世 號 寶勝如來 若有男子女人 聞是佛名 一彈指
頃 發心歸依 是人 於無上道 永不退轉 又於過去
有佛出世 號 波頭摩勝如來 若有男子女人 聞是佛
名 歷於耳根 是人 當得千返生於六欲天中 何況至
心稱念 又於過去不可說不可說阿僧祇劫 有佛出世
號 獅子吼如來 若有男子女人 聞是佛名 一念歸
依 是人 得遇無量諸佛摩頂受記 又於過去有佛出
世 號 拘留孫佛 若有男子女人 聞是佛名 至心瞻
禮 或復讚歎 是人 於賢劫千佛會中 爲大梵王 得
授上記 又於過去有佛出世 號 毗婆尸佛 若有男子
女人 聞是佛名 永不墮於惡道 常生人天 受勝妙樂
又於過去無量無數恒河沙劫 有佛出世 號 多寶如

又於過去無量無數恒河沙劫 有佛出世 號 多寶如
래 약유남자여인 문시불명 필경불타악도 상재천
來 若有男子女人 聞是佛名 畢竟不墮惡道 常在天
상 수승묘락 우어과거 유불출세 호 보상여래 약
上 受勝妙樂 又於過去 有佛出世 號 寶相如來 若
유남자여인 문시불명 생공경심 시인 불구 득아
有男子女人 聞是佛名 生恭敬心 是人 不久 得阿
라한과 우어과거무량아승지겁 유불출세 호 가사
羅漢果 又於過去無量阿僧祇劫 有佛出世 號 袈裟
당여래 약유남자여인 문시불명 초일백대겁생사
幢如來 若有男子女人 聞是佛名 超一百大劫生死
지죄 우어과거유불출세 호 대통산왕여래 약유남
之罪 又於過去有佛出世 號 大通山王如來 若有男
자여인 문시불명자 시인 득우항하사불 광위설법
子女人 聞是佛名者 是人 得遇恒河沙佛 廣爲說法
필성보리 우어과거유정월불 산왕불 지승불 정명
必成菩提 又於過去有淨月佛 山王佛 智勝佛 淨名
왕불 지성취불 무상불 묘성불 만월불 월면불 유
王佛 智成就佛 無上佛 妙聲佛 滿月佛 月面佛 有
여시등불가설불세존 현재미래일체중생 약천약인
如是等不可說佛世尊 現在未來一切衆生 若天若人
약남약녀 단염득일불명호 공덕무량 하황다명 시
若男若女 但念得一佛名號 功德無量 何況多名 是
중생등 생시사시 자득대리 종불타악도 약유임명

제십(第十)

衆生等 生時死時 自得大利 終不墮惡道 若有臨命
종인 가중권속내지일인 위시병인 고성염일불명
終人 家中眷屬乃至一人 爲是病人 高聲念一佛名
시명종인 제오무간대죄 여업보등 실득소멸 시오
是命終人 除五無間大罪 餘業報等 悉得消滅 是五
무간대죄 수지극중 동경억겁 요부득출 승사임명
無間大罪 雖至極重 動經億劫 了不得出 承斯臨命
종시 타인위기칭념불명 어시죄중 역점소멸 하황
終時 他人爲其稱念佛名 於是罪中 亦漸消滅 何況
중생 자칭자념 획복무량 멸무량죄。
衆生 自稱自念 獲福無量 滅無量罪

제십(第十). 교량보시공덕연품 校量布施功德緣品

이시 지장보살마하살 승불위신 종좌이기 호궤합
爾時 地藏菩薩摩訶薩 承佛威神 從座而起 胡跪合
장 백불언 세존 아관업도중생교량보시 유경유중
掌 白佛言 世尊 我觀業道衆生校量布施 有輕有重
유일생수복 유십생수복 유백생 천생수대복리자
有一生受福 有十生受福 有百生 千生受大福利者
시사운하 유원세존 위아설지 이시 불고지장보살
是事云何 唯願世尊 爲我說之 爾時 佛告地藏菩薩

161

오금어도리천궁일체중회 설염부제보시교량공덕
吾今於忉利天宮一切衆會 說閻浮提布施校量功德
경중 여당제청 오위여설 지장 백불 아의시사 원
輕重 汝當諦聽 吾爲汝說 地藏 白佛 我疑是事 願
요욕문 불고지장보살 남염부제 유제국왕재보대
樂欲聞 佛告地藏菩薩 南閻浮提 有諸國王宰輔大
신 대장자대찰리대바라문등 약우최하빈궁내지
臣 大長者大刹利大婆羅門等 若遇最下貧窮乃至
융잔음아농치무목 여시종종불완구자 시대국왕등
癃殘瘖瘂聾癡無目 如是種種不完具者 是大國王等
욕보시시 약능구대자비 하심함소 친수편포 혹사
欲布施時 若能具大慈悲 下心含笑 親手遍布 或使
인시 연언위유 시국왕등 소획복리 여보시백항하
人施 軟言慰喻 是國王等 所獲福利 如布施百恒河
사불공덕지리 하이고 연시국왕등 어시최빈천배
沙佛功德之利 何以故 緣是國王等 於是最貧賤輩
급불완구자 발대자비심 시고 복리유여차보 백천
及不完具者 發大慈悲心 是故 福利有如此報 百千
생중 상득칠보구족 하황의식수용 부차지장 약미
生中 常得七寶具足 何況衣食受用 復次地藏 若未
래세유제국왕 지바라문등 우불탑사 혹불형상 내
來世有諸國王 至婆羅門等 遇佛塔寺 或佛形像 乃
지보살성문벽지등상 궁자영판 공양보시 시국왕
至菩薩聲聞辟支等像 躬自營辦 供養布施 是國王

제십(第十)

등 당득삼겁위제석신 수승묘락 약능이차보시복
等 當得三劫爲帝釋身 受勝妙樂 若能以此布施福

리 회향법계 시대국왕등 어십겁중 상위대범천
利 回向法界 是大國王等 於十劫中 常爲大梵天

왕 부차지장 약미래세유제국왕 지바라문등 우선불
王 復次地藏 若未來世有諸國王 至婆羅門等 遇先佛

탑묘 혹지경상 훼괴파락 내능발심수보 시국왕등
塔廟 或至經像 毀壞破落 乃能發心修補 是國王等

혹자영판 혹권타인 내지백천인등 보시결연 시국
或自營辦 或勸他人 乃至百千人等 布施結緣 是國

왕등 백천생중 상위전륜왕신 여시타인 동보시자
王等 百千生中 常爲轉輪王身 如是他人 同布施者

백천생중 상위소국왕신 갱능어탑묘전 발회향심
百千生中 常爲小國王身 更能於塔廟前 發回向心

여시국왕내급제인 진성불도 이차과보 무량무변
如是國王乃及諸人 盡成佛道 以此果報 無量無邊

부차지장 미래세중 유제국왕급바라문등 견제노
復次地藏 未來世中 有諸國王及婆羅門等 見諸老

병급생산부녀 약일념간 구대자심 보시의약음식
病及生產婦女 若一念間 具大慈心 布施醫藥飲食

와구 사령안락 여시복리 최부사의 일백겁중 상
臥具 使令安樂 如是福利 最不思議 一百劫中 常

위정거천주 이백겁중 상위육욕천주 필경성불 영
爲淨居天主 二百劫中 常爲六欲天主 畢竟成佛 永

불타악도 내지백천생중 이불문고성 부차지장 약
不墮惡道 乃至百千生中 耳不聞苦聲 復次地藏 若
불타악도 내지백천생중 이불문고성 부차지장 약
未來世中 有諸國王及婆羅門等 能作如是布施 獲
복무량 갱능회향 불문다소 필경성불 하황석범전
福無量 更能回向 不問多少 畢竟成佛 何況釋梵轉
륜지보 시고 지장 보권중생 당여시학 부차지장
輪之報 是故 地藏 普勸衆生 當如是學 復次地藏
미래세중 약선남자선여인 어불법중 종소선근 모
未來世中 若善男子善女人 於佛法中 種少善根 毛
발사진허 소수복리 불가위유 부차지장 미래세중
髮沙塵許 所受福利 不可爲喩 復次地藏 未來世中
약유선남자선녀인 우불형상 보살형상 벽지불형
若有善男子善女人 遇佛形像 菩薩形像 辟支佛形
상 전륜왕형상 보시공양 득무량복 상재인천 수
像 轉輪王形像 布施供養 得無量福 常在人天 受
승묘락 약능회향법계 시인복리 불가위유 부차지
勝妙樂 若能回向法界 是人福利 不可爲喩 復次地
장 미래세중 약유선남자선녀인 우대승경전 혹청
藏 未來世中 若有善男子善女人 遇大乘經典 或聽
문일게일구 발은중심 찬탄공경보시공양 시인 획
聞一偈一句 發殷重心 讚歎恭敬布施供養 是人 獲
대과보 무량무변 약능회향법계 기복 불가위유
大果報 無量無邊 若能回向法界 其福 不可爲喩

제십(第十)

부차지장 약미래세중 유선남자선여인 우불탑사
復次地藏 若未來世中 有善男子善女人 遇佛塔寺
대승경전 신자 보시공양 첨례찬탄공경합장 약우
大乘經典 新者 布施供養 瞻禮讚歎恭敬合掌 若遇
고자 혹훼괴자 수보영리 혹독발심 혹권다인 동
故者 或毁壞者 修補營理 或獨發心 或勸多人 同
공발심 여시등배 삼십생중 상위제소국왕 단월지
共發心 如是等輩 三十生中 常爲諸小國王 檀越之
인 상위륜왕 환이선법 교화제소국왕 부차지장
人 常爲輪王 還以善法 敎化諸小國王 復次地藏
미래세중 약유선남선여인 어불법중 소종선근 혹
未來世中 若有善男善女人 於佛法中 所種善根 或
보시공양 혹수보탑사 혹장리경전 내지일모일진
布施供養 或修補塔寺 或裝理經典 乃至一毛一塵
일사일제 여시선사 단능회향법계 시인공덕 백천
一沙一渧 如是善事 但能回向法界 是人功德 百千
생중 수상묘락 여단회향자가권속 혹자신이익 여
生中 受上妙樂 如但回向自家眷屬 或自身利益 如
시지과 즉삼생락 일득만보 시고 지장 보시인연
是之果 卽三生樂 一得萬報 是故 地藏 布施因緣
기사여시。
其事如是

제십일(第十一). 지신호법품 地神護法品

이시 견뢰지신 백불언 세존 아종석래 첨앙정례
爾時 堅牢地神 白佛言 世尊 我從昔來 瞻仰頂禮
무량보살마하살 개시대불가사의 신통지혜 광도
無量菩薩摩訶薩 皆是大不可思議 神通智慧 廣度
중생 시지장보살마하살 어제보살 서원 심중 세
衆生 是地藏菩薩摩訶薩 於諸菩薩 誓願 深重 世
존 시지장보살 어염부제 유대인연 여 문수보현
尊 是地藏菩薩 於閻浮提 有大因緣 如 文殊普賢
관음 미륵 역화백천신형 도어육도 기원 상유필
觀音 彌勒 亦化百千身形 度於六道 其願 尚有畢
경 시지장보살 교화육도일체중생 소발서원겁수
竟 是地藏菩薩 敎化六道一切衆生 所發誓願劫數
여천백억항하사 세존 아관미래급현재중생 어소
如千百億恒河沙 世尊 我觀未來及現在衆生 於所
주처 어남방청결지지 이토석죽목 작기감실 시중
住處 於南方淸潔之地 以土石竹木 作其龕室 是中
능소화내지금은동철 작지장형상 소향공양첨례찬
能塑畵乃至金銀銅鐵 作地藏形像 燒香供養瞻禮讚
탄 시인거처 즉득십종이익 하등 위십 일자 토지
歎 是人居處 卽得十種利益 何等 爲十 一者 土地
풍양 이자 가택영안 삼자 선망생천 사자 현존익

제십일(第十一)

豊穣 二者 家宅永安 三者 先亡生天 四者 現存益
수 오자 구자수의 육자 무수화재 칠자 허모벽제
壽 五者 求者遂意 六者 無水火災 七者 虛耗辟除
팔자 두절악몽 구자 출입신호 십자 다우성인 세
八者 杜絶惡夢 九者 出入神護 十者 多遇聖因 世
존 미래세중급현재중생 약능어소주처방면 작여
尊 未來世中及現在衆生 若能於所住處方面 作如
시공양 득여시이익 견뢰지신 부백불언 세존 미
是供養 得如是利益 堅牢地神 復白佛言 世尊 未
래세중 약유선남자선여인 어소주처 견차경전급
來世中 若有善男子善女人 於所住處 見此經典及
보살상 시인 갱능전독경전 공양보살 아상일야
菩薩像 是人 更能轉讀經典 供養菩薩 我常日夜
이본신력 위호시인 내지수화도적대횡소횡 일체
以本神力 衛護是人 乃至水火盜賊大橫小橫 一切
악사 실개소멸 불고지신 견뢰 여대신력 제신소
惡事 悉皆消滅 佛告地神 堅牢 汝大神力 諸神少
급 하이고 염부토지 실몽여호 내지초목사석도마
及 何以故 閻浮土地 悉蒙汝護 乃至草木沙石稻麻
죽위곡미보패 종지이유 개인여력 우당칭양지장
竹葦穀米寶貝 從地而有 皆因汝力 又當稱揚地藏
보살이익지사 여지공덕급이신통 백천배어상분지
菩薩利益之事 汝之功德及以神通 百千倍於常分地

신 약미래세중 유선남자선여인 공양보살급전독
神 若未來世中 有善男子善女人 供養菩薩及轉讀
시경 단의지장본원경 일사수행자 여이본신력 이
是經 但依地藏本願經 一事修行者 汝以本神力 而
옹호지 물령일체재해급불여의사 첩문어이 하황
擁護之 勿令一切災害及不如意事 輒聞於耳 何況
령수 비단여독호시인고 역유석범권속 제천권속
令受 非但汝獨護是人故 亦有釋梵眷屬 諸天眷屬
옹호시인 하고 득여시성현 옹호 개유첨례지장형
擁護是人 何故 得如是聖賢 擁護 皆由瞻禮地藏形
상 급전독시본원경고 자연필경 출리고해 증열반
像 及轉讀是本願經故 自然畢竟 出離苦海 證涅槃
락 이시지고 득대옹호。
樂 以是之故 得大擁護

제십이(第十二). 견문이익품 見聞利益品

이시 세존 종정문상 방백천만억대호상광 소위백
爾時 世尊 從頂門上 放百千萬億大毫相光 所謂白
호상광 대백호상광 서호상광 대서호상광 옥호상
毫相光 大白毫相光 瑞毫相光 大瑞毫相光 玉毫相
광 대옥호상광 자호상광 대자호상광 청호상광

제십이(第十二)

光 大玉毫相光 紫毫相光 大紫毫相光 青毫相光
대청호상광 벽호상광 대벽호상광 홍호상광 대홍
大靑毫相光 碧毫相光 大碧毫相光 紅毫相光 大紅
호상광 녹호상광 대녹호상광 금호상광 대금호상
毫相光 綠毫相光 大綠毫相光 金毫相光 大金毫相
광 경운호상광 대경운호상광 천륜호광 대천륜호
慶雲毫相光 大慶雲毫相光 千輪毫光 大千輪毫
광 보륜호광 대보륜호광 일륜호광 대일륜호광
光 寶輪毫光 大寶輪毫光 日輪毫光 大日輪毫光
월륜호광 대월륜호광 궁전호광 대궁전호광 해운
月輪毫光 大月輪毫光 宮殿毫光 大宮殿毫光 海雲
호광 대해운호광 어정문상 방여시등호상광이 출
毫光 大海雲毫光 於頂門上 放如是等毫相光已 出
미묘음 고제대중천룡팔부인비인등 청오금일 어
微妙音 告諸大衆天龍八部人非人等 聽吾今日 於
도리천궁 칭양찬탄지장보살 어인천중 이익등사
忉利天宮 稱揚讚歎地藏菩薩 於人天中 利益等事
부사의사 초성인사 증십지사 필경불퇴아뇩다라
不思議事 超聖因事 證十地事 畢竟不退阿耨多羅
삼먁삼보리사 설시어시 회중 유일보살마하살 명
三藐三菩提事 說是語時 會中 有一菩薩摩訶薩 名
관세음 종좌이기 호궤합장 백불언 세존 시지장
觀世音 從座而起 胡跪合掌 白佛言 世尊 是地藏

보살 마하살 구대자비 연민죄고중생 어천만억세
菩薩 摩訶薩 具大慈悲 憐愍罪苦眾生 於千萬億世

계 화천만억신 소유공덕 급부사의위신지력 아이
界 化千萬億身 所有功德 及不思議威神之力 我已

문 세존여시방무량제불 이구동음 찬탄지장보살
聞 世尊與十方無量諸佛 異口同音 讚歎地藏菩薩

운하사과거현재미래제불 설기공덕 유불능진 향
云何使過去現在未來諸佛 說其功德 猶不能盡 向

자우몽세존 보고대중 욕칭양지장이익등사 유원
者又蒙世尊 普告大眾 欲稱揚地藏利益等事 唯願

세존 위현재미래일체중생 칭양지장부사의사 영
世尊 爲現在未來一切眾生 稱揚地藏不思議事 令

천룡팔부 첨례획복 불고관세음보살 여어사바세
天龍八部 瞻禮獲福 佛告觀世音菩薩 汝於娑婆世

계 유대인연 약천약룡 약남약녀약신약귀 내지육
界 有大因緣 若天若龍 若男若女若神若鬼 乃至六

도죄고중생 문여명자 견여형자 연모여자 찬탄여
道罪苦眾生 聞汝名者 見汝形者 戀慕汝者 讚歎汝

자 시제중생 실어무상도 필불퇴전 상생인천 구
者 是諸眾生 悉於無上道 必不退轉 常生人天 具

수묘락 인과장숙 우불수기 여금구대자비 연민중
受妙樂 因果將熟 遇佛授記 汝今具大慈悲 憐愍眾

생 급천룡팔부 욕청오선설지장보살 부사의이익
生 及天龍八部 欲聽吾宣說地藏菩薩 不思議利益

제십이(第十二)

지사 여당제청 오금설지 관세음언 유연세존 원
之事 汝當諦聽 吾今說之 觀世音言 唯然世尊 願
요욕문 불고관세음보살 미래현재제세계중 유천
樂欲聞 佛告觀世音菩薩 未來現在諸世界中 有天
인수천복진 유오쇠상현 혹유타어악도지자 여시
人受天福盡 有五衰相現 或有墮於惡道之者 如是
천인약남약녀 당현상시 혹견지장보살형상 혹문
天人若男若女 當現相時 或見地藏菩薩形像 或聞
지장보살명 일첨일례 시제천인 전증천복 수대쾌
地藏菩薩名 一瞻一禮 是諸天人 轉增天福 受大快
락 영불력삼악도보 하황견문보살 이제향화의복
樂 永不歷三惡道報 何況見聞菩薩 以諸香華衣服
음식보패영락 보시공양 소획공덕복리 무량무변
飮食寶貝瓔珞 布施供養 所獲功德福利 無量無邊
부차관세음 약미래현재제세계중 육도중생 임명
復次觀世音 若未來現在諸世界中 六道衆生 臨命
종시 득문지장보살명 일성역이근자 시제중생 영
終時 得聞地藏菩薩名 一聲歷耳根者 是諸衆生 永
불력삼악도고 하황임명 종시 부모권속 장시명종
不歷三惡道苦 何況臨命 終時 父母眷屬 將是命終
인 사택재물보패의복 소화지장형상 혹사병인 미
人 舍宅財物寶貝衣服 塑畵地藏形像 或使病人 未
종지시 혹안이견문 지도권속 장사택보패등 위기
終之時 或眼耳見聞 知道眷屬 將舍宅寶貝等 爲其

자신 소화지장보살형상 시인 약시업보 합수중병
自身 塑畫地藏菩薩形像 是人 若是業報 合受重病
자 승사공덕 심즉제유 수명 증익 시인 약시업보
者 承斯功德 尋卽除愈 壽命 增益 是人 若是業報
명진 응유일체죄장업장 합타악취자 승사공덕 명
命盡 應有一切罪障業障 合墮惡趣者 承斯功德 命
종지후 즉생인천 수승묘락 일체죄장 실개소멸
終之後 卽生人天 受勝妙樂 一切罪障 悉皆消滅
부차관세음보살 약미래세 유남자여인 혹유포시
復次觀世音菩薩 若未來世 有男子女人 或乳哺時
혹삼세오세십세이하 망실부모 내급망실형제자매
或三歲五歲十歲已下 亡失父母 乃及亡失兄弟姉妹
시인 연기장대 사억부모 급제권속 부지낙재하취
是人 年旣長大 思憶父母 及諸眷屬 不知落在何趣
생하세계생하천중 시인 약능소화지장보살형상
生何世界生何天中 是人 若能塑畫地藏菩薩形像
내지문명 일첨일례 일일지칠일 막퇴초심 문명견
乃至聞名 一瞻一禮 一日至七日 莫退初心 聞名見
형첨례공양 시인권속 가인업고 타악취자 계당겁
形瞻禮供養 是人眷屬 假因業故 墮惡趣者 計當劫
수 승사남녀형제자매 소화지장형상첨례공덕 심
數 承斯男女兄弟姉妹 塑畫地藏形像瞻禮功德 尋
즉해탈 생인천중 수승묘락 시인권속 여유복력
卽解脫 生人天中 受勝妙樂 是人眷屬 如有福力

제십이(第十二)

이생인천 수승묘락자 즉승사공덕 전증성인 수무
已生人天 受勝妙樂者 卽承斯功德 轉增聖因 受無
량락 시인 갱능삼칠일중 일심첨례지장보살형상
量樂 是人 更能三七日中 一心瞻禮地藏菩薩形像
염기명자 만어만편 당득보살현무변신 구고시인
念其名字 滿於萬遍 當得菩薩現無邊身 具告是人
권속생계 혹어몽중 보살현대신력 친령시인 어
眷屬生界 或於夢中 菩薩現大神力 親領是人 於
제세계 견제권속 갱능매일염보살명천편 지우천
諸世界 見諸眷屬 更能每日念菩薩名千遍 至于千
일 시인 당득보살견소재토지귀신 종신위호 현
日 是人 當得菩薩遣所在土地鬼神 終身衛護 現
시 의식풍일 무제질고 내지횡사 불입기문 하황
時 衣食豊溢 無諸疾苦 乃至橫事 不入其門 何況
급신 시인 필경득보살마정수기 부차관세음보살
及身 是人 畢竟得菩薩摩頂授記 復次觀世音菩薩
약미래세 유선남자선여인 욕발광대자심 구도일
若未來世 有善男子善女人 欲發廣大慈心 救度一
체중생자 욕수무상보리자 욕출리삼계자 시제인
切衆生者 欲修無上菩提者 欲出離三界者 是諸人
등 견지장형상 급문명자 지심귀의 혹이향화의복
等 見地藏形像 及聞名者 至心歸依 或以香華衣服
보패음식 공양첨례 시선남녀등 소원속성 영무장
寶貝飮食 供養瞻禮 是善男女等 所願速成 永無障

애 부차관세음 약미래세 유선남자선여인 욕구현
礙 復次觀世音 若未來世 有善男子善女人 欲求現
재미래 백천만억등원 백천만억등사 단당귀의첨
在未來 百千萬億等願 百千萬億等事 但當歸依瞻
례공양찬탄지장 보살형상 여시소원소구 실개성
禮供養讚歎地藏 菩薩形像 如是所願所求 悉皆成
취 부원지장보살 구대자비 영옹호아 시인 어면
就 復願地藏菩薩 具大慈悲 永擁護我 是人 於眠
몽중 즉득보살마정수기 부차관세음보살 약미래
夢中 卽得菩薩摩頂授記 復次觀世音菩薩 若未來
세 선남자 선여인 어대승경전 심생진중 발부사
世 善男子 善女人 於大乘經典 深生珍重 發不思
의심 욕독욕송 종우명사 교시령숙 선독선망 동
議心 欲讀欲誦 縱遇明師 教示令熟 旋讀旋忘 動
경년월 불능독송 시선남녀등 유숙업장 미득소제
經年月 不能讀誦 是善男女等 有夙業障 未得消除
고 어대승경전 무독송성 여시지인 문지장보살명
故 於大乘經典 無讀誦性 如是之人 聞地藏菩薩名
견지장보살상 구이본심 공경진백 갱이향화의복
見地藏菩薩像 具以本心 恭敬陳白 更以香華衣服
음식일체완구 공양보살 이정수일잔 경일일일야
飮食一切玩具 供養菩薩 以淨水一盞 經一日一夜
안보살전 연후 합장청복 회수향남 임입구시 지
安菩薩前 然後 合掌請服 廻首向南 臨入口時 至

제십이(第十二)

심정중 복수기필 신오신주식사음망어 급제살생
心鄭重 服水旣畢 愼五辛酒食邪淫妄語 及諸殺生

일칠일혹삼칠일 시선남자 선여인 어수몽중 구견
一七日或三七日 是善男子 善女人 於睡夢中 具見

지장보살 현무변신 어시인처 수관정수 기인몽각
地藏菩薩 現無邊身 於是人處 授灌頂水 其人夢覺

즉획총명 응시경전 일력이근 즉당영기 갱불망실
卽獲聰明 應是經典 一歷耳根 卽當永記 更不忘失

일구일게 부차관세음 보살 약미래세 유제인등
一句一偈 復次觀世音 菩薩 若未來世 有諸人等

의식부족 구자괴원 혹다질병 혹다흉쇠 가택 불
衣食不足 求者乖願 或多疾病 或多凶衰 家宅 不

안 권속분산 혹제횡사 다래오신 수몽지간 다유
安 眷屬分散 或諸橫事 多來忤身 睡夢之間 多有

경포 여시인등 문 지장명 견지장형 지심공경 염
驚怖 如是人等 聞 地藏名 見地藏形 至心恭敬 念

만만편 시제불여의사 점점소멸 즉득안락 의식풍
滿萬遍 是諸不如意事 漸漸消滅 卽得安樂 衣食豊

일 내지수몽중 실개안락 부차관세음보살 약미래
溢 乃至睡夢中 悉皆安樂 復次觀世音菩薩 若未來

세 유선남자선여인 혹인치생 혹인공사 혹인생사
世 有善男子善女人 或因治生 或因公私 或因生死

혹인급사 입산림중 과도하해내급대수 혹경험도
或因急事 入山林中 過渡河海乃及大水 或經險道

시인 선당념지장보살 명만편 소과토지귀신 위
是人 先當念地藏菩薩 名萬遍 所過土地鬼神 衛
호 행주좌와 영보안락 내지봉어호랑사자 일체독
護 行住坐臥 永保安樂 乃至逢於虎狼獅子 一切毒
해 불능손지 불고관세음보살 시지장보살 어염부
害 不能損之 佛告觀世音菩薩 是地藏菩薩 於閻浮
제 유대인연 약설어제중생 견문이익등사 백천겁
提 有大因緣 若說於諸衆生 見聞利益等事 百千劫
중 설불능진 시고 관세음 여이신력 유포시경 영
中 說不能盡 是故 觀世音 汝以神力 流布是經 令
사바세계중생 백천만겁 영수안락 이시 세존 이
娑婆世界衆生 百千萬劫 永受安樂 爾時 世尊 而
설게언 오관지장위신력 항하사겁설난진 견문첨
說偈言 吾觀地藏威神力 恒河沙劫說難盡 見聞瞻
례일념간 이익인천무량사 약남약녀약용신 보진
禮一念間 利益人天無量事 若男若女若龍神 報盡
응당타악도 지심귀의대사신 수명전증제죄장 소
應當墮惡道 至心歸依大士身 壽命轉增除罪障 少
실부모은애자 미지혼신재하취 형제자매급제친
失父母恩愛者 未知魂神在何趣 兄弟姉妹及諸親
생장이래개불식 혹소혹화대사신 비련첨례부잠사
生長以來皆不識 或塑或畵大士身 悲戀瞻禮不暫捨
삼칠일중염기명 보살당현무변체 시기권속소생계
三七日中念其名 菩薩當現無邊體 示其眷屬所生界

제십이(第十二)

종타악취심출리 약능불퇴시초심 즉획마정수성기
縱墮惡趣尋出離 若能不退是初心 卽獲摩頂授聖記

욕수무상보리자 내지출리삼계고 시인기발대비심
欲修無上菩提者 乃至出離三界苦 是人旣發大悲心

선당첨례대사상 일체제원속성취 영무업장능차지
先當瞻禮大士像 一切諸願速成就 永無業障能遮止

유인발심염경전 욕도군미초피안 수립시원부사의
有人發心念經典 欲度群迷超彼岸 雖立是願不思議

선독선망다폐실 사인유업장혹고 어대승경불능기
旋讀旋忘多廢失 斯人有業障惑故 於大乘經不能記

이향화의복음식 제완구공양지장 이정수안대사전
以香華衣服飮食 諸玩具供養地藏 以淨水安大士前

일일일야구복지 발은중심신오신 주육사음급망어
一日一夜求服之 發殷重心愼五辛 酒肉邪淫及妄語

삼칠일내물살생 지심사념대사명 즉어몽중견무변
三七日內勿殺生 至心思念大士名 卽於夢中見無邊

각래변득이안이 응시경교력이문 천만생중영불망
覺來便得利眼耳 應是經敎歷耳聞 千萬生中永不忘

이시대사부사의 능사사인획차혜 빈궁중생급질병
以是大士不思議 能使斯人獲此慧 貧窮衆生及疾病

가택흉쇠이권속 수몽지중실불안 구자괴위무칭수
家宅凶衰離眷屬 睡夢之中悉不安 求者乖違無稱遂

지심첨례지장상 일체악사개소멸 지어몽중진득안
至心瞻禮地藏像 一切惡事皆消滅 至於夢中盡得安

의식풍요귀신호　　욕입산림급도해　　독악금수급악인
衣食豊饒鬼神護　　欲入山林及渡海　　毒惡禽獸及惡人
악신악귀병악풍　　일체제난제고뇌　　단당첨례급공양
惡神惡鬼竝惡風　　一切諸難諸苦惱　　但當瞻禮及供養
지장보살대사상　　여시산림대해중　　응시제악개소멸
地藏菩薩大士像　　如是山林大海中　　應是諸惡皆消滅
관음지심청오설　　지장무량부사의　　백천만겁설부주
觀音至心聽吾說　　地藏無量不思議　　百千萬劫說不周
광선대사여시력　　지장명자인약문　　내지견상첨례자
廣宣大士如是力　　地藏名字人若聞　　乃至見像瞻禮者
향화의복음식봉　　공양백천수묘락　　약능이차회법계
香華衣服飮食奉　　供養百千受妙樂　　若能以此迴法界
필경성불초생사　　시고관음여당지　　보고항사제국토。
畢竟成佛超生死　　是故觀音汝當知　　普告恒沙諸國土

제십삼(第十三). 촉루인천품 囑累人天品

이시 세존 거금색비 우마지장보살마하살정 이작
爾時 世尊 擧金色臂 又摩地藏菩薩摩訶薩頂 而作
시언 지장 지장 여지신력 불가사의 여지자비 불
是言 地藏 地藏 汝之神力 不可思議 汝之慈悲 不
가사의 여지지혜 불가사의 여지변재 불가사의
可思議 汝之智慧 不可思議 汝之辯才 不可思議

제십삼(第十三)

정사시방제불 찬탄선설여지부사의사 천만겁중
正使十方諸佛 讚歎宣說汝之不思議事 千萬劫中

불능득진 지장 지장 기오금일재도리천중 어백천
不能得盡 地藏 地藏 記吾今日在忉利天中 於百千

만억불가설불가설 일체제불 보살천룡팔부대회지
萬億不可說不可說 一切諸佛 菩薩天龍八部大會之

중 재이인천제중생등 미출삼계 재화택중자 부촉
中 在以人天諸衆生等 未出三界 在火宅中者 付囑

어여 무령시제중생 타악취중 일일일야 하황갱락
於汝 無令是諸衆生 墮惡趣中 一日一夜 何況更落

오무간 급아비지옥 동경천만억겁 무유출기 지
五無間 及阿鼻地獄 動經千萬億劫 無有出期 地

장 시남염부제중생 지성무정 습악자다 종발선
藏 是南閻浮提衆生 志性無定 習惡者多 縱發善

심 수유즉퇴 약우악연 염념증장 이시지고 오분
心 須臾卽退 若遇惡緣 念念增長 以是之故 吾分

시형백천억화도 수기근성 이도탈지 지장 오금은
是形百千億化度 隨其根性 而度脫之 地藏 吾今慇

근 이천인중 부촉어여 미래지세 약유천인급선남
懃 以天人衆 付囑於汝 未來之世 若有天人及善男

자선여인 어불법중 종소선근 일모일진일사일제
子善女人 於佛法中 種少善根 一毛一塵一沙一渧

여이도력 옹호시인 점수무상 물령퇴실 부차지장
汝以道力 擁護是人 漸修無上 勿令退失 復次地藏

미래세중 약천약인 수업보응낙재악취 임타취중
未來世中 若天若人 隨業報應落在惡趣 臨墮趣中

혹지문수 시제중생 약능염득일불명 일보살명 일
或至門首 是諸衆生 若能念得一佛名 一菩薩名 一

구일게대승경전 시제중생 여이신력 방편구발 어
句一偈大乘經典 是諸衆生 汝以神力 方便救拔 於

시인소 현무변신 위쇄지옥 견령생천 수승묘락
是人所 現無邊身 爲碎地獄 遣令生天 受勝妙樂

이시 세존 이설게언 현재미래천인중 오금은근부촉
爾時 世尊 而說偈言 現在未來天人衆 吾今慇懃付

여 이대신통방편도 물령타재제악취 이시 지장
囑汝 以大神通方便度 勿令墮在諸惡趣 爾時 地藏

보살마하살 호궤합장 백불언 세존 유원세존 불
菩薩摩訶薩 胡跪合掌 白佛言 世尊 唯願世尊 不

이위려 미래세중 약유선남자선여인 어불법중 일
以爲慮 未來世中 若有善男子善女人 於佛法中 一

념공경 아역백천방편 도탈시인 어생사중 속득해
念恭敬 我亦百千方便 度脫是人 於生死中 速得解

탈 하황문제선사염념수행 자연어무상도 영불퇴
脫 河況聞諸善事念念修行 自然於無上道 永不退

전 설시어시 회중 유일보살 명 허공장 백불언 세
轉 說是語時 會中 有一菩薩 名 虛空藏 白佛言 世

존 아자지도리 문어여래 찬탄지장보살위신세력
尊 我自至忉利 聞於如來 讚歎地藏菩薩威神勢力

제십삼(第十三)

불가사의 미래세중 약유선남자선여인 내급일체
不可思議 未來世中 若有善男子善女人 乃及一切
천룡 문차경전급지장명자 혹첨례형상 득기종복
天龍 聞此經典及地藏名字 或瞻禮形像 得幾種福
리 유원세존 위미래현재일체중등 약이설지 불고
利 唯願世尊 爲未來現在一切衆等 略而說之 佛告
허공장보살 제청제청 오당위여 분별설지 약미
虛空藏菩薩 諦聽諦聽 吾當爲汝 分別說之 若未
래세 유선남자선여인 견지장형상 급문차경 내
來世 有善男子善女人 見地藏形像 及聞此經 乃
지독송 향화음식의복진보 보시공양찬탄첨례 득
至讀誦 香華飮食衣服珍寶 布施供養讚歎瞻禮 得
이십팔종이익 일자 천룡호념 이자 선과일증 삼
二十八種利益 一者 天龍護念 二者 善果日增 三
자 집성상인 사자 보리불퇴 오자 의식풍족 육자
者 集聖上因 四者 菩提不退 五者 衣食豊足 六者
질역불임 칠자 이수화재 팔자 무도적액 구자 인
疾疫不臨 七者 離水火災 八者 無盜賊厄 九者 人
견흠경 십자 귀신조지 십일자 여전남신 십이
見欽敬 十者 鬼神助持 十一者 女轉男身 十二
자 위왕신녀 십삼자 단정상호 십사자 다생천상
者 爲王臣女 十三者 端正相好 十四者 多生天上
십오자 혹위제왕 십육자 숙지명통 십칠자 유구
十五者 或爲帝王 十六者 宿智命通 十七者 有求

개종 십팔자 권속환락 십구자 제횡소멸 이십자
皆從 十八者 眷屬歡樂 十九者 諸橫消滅 二十者
업도영제 이십일자 거처진통 이십이자 야몽안락
業道永除 二十一者 去處盡通 二十二者 夜夢安樂
이십삼자 선망이고 이십사자 숙복수생 이십오자
二十三者 先亡離苦 二十四者 宿福受生 二十五者
제성찬탄 이십육자 총명이근 이십칠자 요자민심
諸聖讚歎 二十六者 聰明利根 二十七者 饒慈愍心
이십팔자 필경성불 부차허공장 보살 약현재미래
二十八者 畢竟成佛. 復次虛空藏 菩薩 若現在未來
천룡귀신 문지장보살명호 예지장보살형상 혹문
天龍鬼神 聞地藏菩薩名號 禮地藏菩薩形像 或聞
지장 보살본원등사 수행찬탄첨례 득칠종이익 일
地藏 菩薩本願等事 修行讚歎瞻禮 得七種利益 一
자 속초성지 이자 악업소멸 삼자 제불호림 사자
者 速超聖地 二者 惡業消滅 三者 諸佛護臨 四者
보리불퇴 오자 증장본력 육자 숙명개통 칠자 필
菩提不退 五者 增長本力 六者 宿命皆通 七者 畢
경성불 이시 시방일체제여래 불가설불가설일체
竟成佛 爾時 十方一切諸如來 不可說不可說一切
제불 급대보살 천룡팔부 문석가모니불칭양찬탄
諸佛 及大菩薩 天龍八部 聞釋迦牟尼佛稱揚讚歎
지장보살대위신력 불가사의 탄미증유 시시 도리
地藏菩薩大威神力 不可思議 歎未曾有 是時 忉利

천우무량향화천의주영 공양석가모니불급지장보
天雨無量香華天衣珠纓 供養釋迦牟尼佛及地藏菩
살이 일체중회 구부첨례 합장이퇴。
薩已 一切衆會 俱復瞻禮 合掌而退

편집을 마무리하며

「지장경」은 지장보살의 전생담과 서원, 그리고 자비 원력을 중심으로 한 서사적 구성을 특징으로 합니다. 석가모니 부처님과 지장보살, 문수보살, 관음보살 등 다양한 존재들이 등장하여 나누는 문답은 생사윤회의 고통 속에 있는 중생을 향한 실천적 자비를 구체적이고 생동감 있게 전하고 있습니다.

이러한 특징으로 인해 「지장경」은 전통적으로 영가의 극락왕생을 기원하며 독송되거나 사경 되어 왔습니다.

이번 편집 과정에서 새롭게 깨달은 점은 「지장경」이야말로 '어떻게 살아야 하는가'라는 근본적인 물음에 대한 자각과 실천적 지침 또한 제공한다는 것이었습니다.

한때 명상 수행처에서 새벽 예불마다 읊조리던 구절이 있습니다. 무명으로 인해 정신과 물질, 여섯 가지 감각 작용과 갈애와 집착이 일어나고, 무명이 소멸하면 모든 괴로움 또한 소멸한다는 문장입니다.

> 이것이 있으므로 저것이 있고,
> 이것이 일어나므로 저것이 일어난다.
> 이것이 없으므로 저것이 없고,
> 이것이 소멸하므로 저것이 소멸한다.

이 연기법의 가르침이 「지장경」을 통해 단순한 언어적 이해를 넘어 몸과 마음 깊숙이 새겨졌습니다.
「지장경」 곳곳에서 드러나있는 업과 과보의 이치는 내세의 결과만을 말하는 것이 아니라 잘못된 행위가 어떻게 고통으로 이어지는지를 성찰하게 하고, 더 나아가 악업을 멀리하도록 이끄는 정화와 환기로 이어졌습니다. 이러한 맥락에서 「지장경」은 살아 있는 우리 모두를 위한 책임의 가르침이라고도 할 수 있습니다.

 부디 이 작은 경전이 선업을 닦는 지혜의 빛이 되기를 소망합니다.

편집장 이지영

모두를 위한
지장경

ⓒ오늘도맑음

발행일 | 2025년 09월 10일
엮은이 | 오늘도맑음 출판부

발행인 | 이지영
발행처 | 도서출판문학산책
신고번호 | 제2022-000029호
브랜드 | 오늘도맑음
구입문의 | 042-223-8007
E-mail | jj998007@naver.com
주　소 | 대전시 중구 보문로 260번길 26. 문화빌딩 407호
ISBN | 979-11-994292-1-5(02220)

'오늘도맑음'은 도서출판문학산책의 임프린트 브랜드입니다.